紹興縣志採訪稿

7

紹興大典

史部

中華書局

書籍四

目録　書籍

周易二閭記三卷

梦厂雜著

西冷六家印存

華延年室集印

傅節子先生華延年室題跋誌計三卷

隂隲文註釋

傅子式先生邁廬題跋識

傅光禄集

柳邊紀畧張石洲舊鈔本

鐵函齋書跋楊氏重編四卷本

澹生堂外集

明鑑易知録
保越録
傅氏家書
傅氏續録
傅氏傅芳集外編
傅氏家訓
楊大瓢雜文殘稿
堵文忠公全集
祁忠惠公集
傅忠肅公文集

棬秋亭詞鈔

題詞

雕管槃花古囊鮮錦割花間草堂之腴擷蘭畹金荃之秀君文有云如涉秋水美人娟娟即謂君自道可也辛丑孟冬陽湖劉炳照拜讀

右喈先生傾蓋吴门如舊相識辱以詞稾屬題並以出瑤艇填詞圖索題率成水龍吟一解録呈方家正拍

萬人如海茫茫向君何處藏身好江心一葉消搖容与青山看飽睇去来兮鑑湖一曲故鄉春曉愛清遊載酒吴门綠柳争留住詩人櫂　轉恨相逢不早醉紅楼輸君年少客中送客听風听水半生同調鄂渚濤声淮壖帆影吟蹤曾到君編行卷有鄂渚濤声江淮棹歌各集皆予昔遊所

經待新詞寄与扁舟訪戴指山陰道予為石翁索題如此溪山填詞圖君祖籍山陰故云

光緒辛丑長至前七日陽湖刘炳照初稾

壺菴觀察屬寫瑤艇填詞第一圖並倚高陽臺一闋即請正拍

瘦雪帆敧空波柁語冷吟單舸鉥潮漚鳥能知十年心事秋蕭淮

流漢月追鴻印老蘋風柳解烟綃指吴橈乱葉窗牋疎雨燈橋

襟痕不為深懷減且朋簪泥飲醉走貍毫柏碎紅檀剪愁欲抵并

刀烏篷賀鑑湖邊路詠溪山鄉夢頻撩君曾為題如此溪山填詞圖待梅梢花

放孥舟峭句同敲語石有鄧尉探梅之约

光緒壬寅正月山陰金石夔伯初稿

見壺菴類稿

靈芝仙館詩鈔叙

叙

昔之言詩者曰清麗爲鄰此不僅思清華藻相副之見也誠引伸而推大之文有其質質有其文古今詩學正變亦在斯乎建德胡君幼嘉學古有獲析衷家學三世循良之子孫又復蟬嫣家集垂輝藝林幼嘉角丱劬業博習而精研向湘樓儷体文瑋乎斐然六代三唐之遺能跌宕盡其委曲獻心析焉今復吟諷灵芝仙館詩同本異末蓋君詩少歲取徑西崑唱酬而洞於其微其詩言曰舉清以發麗猶舉麗以發清也自得之自道之矣故灵芝仙館發于篇詠五言古今体敦雅有則不事排比七言長篇往往遒亮多奇矯律绝則情生文文生情鍛鍊而斷造自然可歌可泣此之謂清不

廢麗麗不廢讀春秋鼎盛安步科目之華膴繼踵纓紱之声債當
仕学芭質文進而益上變不離宗不佞嚐矢序言弁頗欲備皇甫
之後乘云爾
光緒二十有六年歲在庚子仲春仁和譚獻撰
見壺菴類稿

靈芝仙館詩鈔

序

壺盦賢阮綺年邃學追蹤古昔往歲以所著駢文付手民吾黨僉嘖嘖焉今春掃墓來隸出靈芝仙館詩鈔見示並乞一言以序之而譚仲修先生已先我言之夫譚先生為浙水辭宗既經巨眼何待贅辭然蒙竊有說焉也國初詩學獨得正宗洗兩宋之腐語步七子之後塵操觚之家奉為圭臬自倉山創為性靈之說獨樹一幟蓋有倉山之學行倉山之才始足成倉山之派乃誤其意者以為此道無關學問幾成傖父面目牛耳騷坛風行海內論者謂乾嘉之夾間大道寖衰非苛論也然一二有識之士欲矯其獘或擬拾而傷于氣或倚靡而害于旨既鮮蘊蓄亦乏沈雄仍無以挽狂

而起衰弭道咸之際作者輩出吾越皋社尤推雄傑今得是卷而讀之有王岑之神行非温李之貌似麗而有則積健爲雄吾道干城其在斯乎且以有家之後履無憂之地齒甫壯立而著書身等向字車來時主講椒江尤古今所不數數覯者也倘使充其富有之年竟其日進之業則羽翼菁莪之化步武承庥明之庐振吳風雅其誰與賡識之卷端爲他日券也

光绪二十六年中春日校臣元鼎書

陶子珍𢛳繡齋日記二卷

閲陶子珍𢛳繡齋日記二卷，勵學佔畢，程課如童子，證經討史，條舉件繫，詩文襍稾，犬亡虚句，腐心鏤腎，欲與造化爭，欲與古聖賢人簉，息亡窮，必為傳人，然而令名不與壽考期矣。

見清仁和譚獻復堂類集日記卷八

紹興縣志採訪稿

同年生孫彥清詩槀矜重清峻可謂逸才

陶心雲同年自上虞來會游快閣 小雲栖望山亭遇雨回櫂心雲詩草二卷風骨健舉結響亦遒意在嘉隆七子坐徵雲樓審定秋伊詩一往情深秀句迴發位置在文房牧之閒不必儀謫仙而畫少陵也當為序之

見清仁和譚獻復堂類集日記卷二三

越詩人馬賡良幼眉予于庚午定交今刻鷗堂詩三卷寄示篇体修潔措語老成山水清音自成馨逸自是林屋閒儁才在秦勉鉏上吳興施均父亦未能遠過

見清仁和譚獻復堂類集日記卷四

紹興縣志采訪稿

同年叉孫彥清來以寄龕文存刻本見貽浙東羣英茹古力學子珍彥清為職志彥清握手使予益悼子珍矣

見同上卷七

亡友王眉叔縵雅堂駢文八卷音節骨幹皆不落義山以後彭湘涵董方立伯仲之間展卷泫然有人琴之感

見同上卷五

閲顧國楨祖香孟晉齋文集有七藥及幽憂論十首皆堅韌卓絕散文樸至駢儷黝栗在稚威北江閒何減方彥聞邪浙東有此人久游山右故鄉竟不知名惜早世不獲接席

閲顧祖香周列士傳命意高奇非苟作者文章之事知政知化夙昔持論如是得此等文字益堅予說

見清仁和譚獻復堂類集日記卷三

閲顧廷楨祖香孟晉齋集五卷文筆堅韌趣向似在鄉先正胡稚威有道觀一碑仿三洞瓊華序而益張之詞緜不殺究不得薛元卿老子碑爲解周列士傳沈痛至性炯然不可磨滅

見清仁和譚獻復堂類集日記卷四

閩孟晉齋集終以周列士傳爲不朽之言雖文明而未融骨堅而韻短者也詩篇不多亦成章而非逸響

見同上卷六

陶子珍同年淮南許高二注異同詁四卷刻成寄將網羅散失屬守慎言自是漢學家法予十二年前曾為審定今刻跋語則不出予手當時有卷端隨筆數語已不復省記矣

見清仁和譚獻復堂類集日記卷六

紹興縣志採訪稿

閱老學庵筆記十卷放翁題跋家訓之屬往往樸摯有遠識泰興吴少宰尤重筆記予觀其隱顯激射往往言外有意吴先生精鑒不虚也荆公爲陸氏家學淵源所自故當放翁時熸火雖熸尚津津樂道耳

見清仁和譚獻復堂類集日記卷五

閲吴翊鳳撰　國朝文徵吴氏纂録不無鄉曲之私亦有闡幽之意山林之士取之稍濫乃有絶無傳本者校庵喜鈔秘册説部别集未箸人間者往往寫藏亂後零落而吾鄉有丁氏吴興有陸氏聞皆收得數十百卷今又在廠肆見殘帙亦盈二三尺度文徵之成不盡据行世刻本也去取之旨多載潛德獨行不事門户遠勝姚春木李邁堂之識朱蘭坡古文彙鈔予未得見聞其志在史料多采碑傳必多大篇屡書乞借于李景卿矣近日陸刻十萬卷樓叢書大都出吴鈔矣

見清仁和譚獻復堂類集日記卷五

紹興縣志採訪稿

陸佃注鶡冠子三卷十子書録朱養純評本鄂刻即出於此劉彦和云鶡冠緜緜亟發深言分别部居箸録當隸道家龐煖諸篇可以别出鄭樵固云亡書可以類求也陸注頗有粹言非張无垢素書注所可及

見清仁和譚獻復堂類集日記卷四

紹興縣志採訪稿

閱論衡王仲任文士之見窮達撓其志趣所言辯而不中自名其書曰戒虛妄而飾心妄作戾經訓者甚多陰陽災異一隸於虛而篤信命遇以為賢愚同囿于氣蹇困之士有激之言不可為典要充訶墨詰儒歷詆世論若以聖賢流俗一槩相量持之雖有故言之不甚成理究不逮周末九流偏至振奇可以自持其說充于雜家為第二流呂覽淮南未易企也文体傀而不駁西京之風未遠獨其出入起落冄乱不乱又揮之不斷為獨到耳昭致篇闕大都亦言災祥無關人事閱陳氏有足本未録副忘其大意矣

見清仁和譚獻復堂類集日記卷四

紹興縣志采訪稿

閲劉念臺人譜以改過爲宗旨固非袁黄一流

見清仁和譚獻復堂類集日記卷四

閲陶庵夢憶八卷春間在娱園見王見大所刻甚工雅伍氏粤雅堂叢書猶有闕失

見清仁和譚獻復堂類集日記卷三

書肆訪書章卲書未有蹤閲潘諮少白林阜閒集貌似簡遠享名
太過所謂充隱者也
見清仁和譚獻復堂類集日記卷三

紹興縣志採訪稿

得季況書言正爲三國會要采獲羣籍已就數卷戎馬之暇乃能

著書文吏亦健吏書言子高堅持帝蜀之説

見清仁和譚獻復堂類集日記卷一

紹興縣志採訪稿

夜閲復齋鐘鼎款識舊讀多不可信諸老輩考辨稍詳然如師旦太姒鼎朱茶堂一跋及錢獻之釋對揚二文楚王鐘之韵謂爲熊文媢變皆武斷之尤者嘗見安氏六書韵徵題字阮文達取此鐘文書韵字則以舊釋爲然與款識跋不合

見清仁和譚獻復堂類集日記卷一

閲陸游南唐書十七卷簡略無法合傳不倫疑已錯亂務觀雖非史才不至襍散如是閲馬令書文体詳贍雅令獨持正統之論為陋徐氏于中原豈有君臣之義哉此則不如陸書而有類族辨物之義則勝之前後著論輙冠以嗚呼歐陽五代史記創為此体已有識議顧乃揚其波乎

見清仁和譚獻復堂類集日記卷一

紹興縣志採訪稿

鷗堂詩敘

唐人推言子美為詩宰相摩詰為詩天子若以輞川為度越草堂者其旨安在豈不以少陵言薄蘇李氣吞曹劉而以當右丞之玄箸超超會於風雅雖同為羣言之主宰而一出自然一有作用蓋近世王貽上尚書知之矣所撰神韻集不傳於世三昧集之指歸實舉右丞為職志別白而定一尊是在心知其意者焉右文之代浙東為賢喆林府會稽南鎮鬱乎渊乎若天漢哉並世作者曹文孺孫子九文章尔雅未獲接席平生故人則秦勉鉏王眉呼（子）周叔昀季況掉鞅詞壇聲華藉甚而李越縵通經稽古尤負物望同年友孫彥清陶紫畛者孟晉不已前無古人何其盛與不佞乃於笙磬之列山水之間遇吾馬子幼眉於物外嘆（嘯）然於江南（東）獨秀非君

莫屬焉諸君子兼愛多能著作皆等身幼眉則覃思自精專力為詩何嘗不窮極正變而五金一冶八音成樂若性若習若忘若遺自成為鷗堂之詩而羣言如廢求摩詰於今日其在斯乎其神似非形似非馬子生平歡然於足跡之近交遊之寡不足以發其奇特廣其應求似也吾觀摩詰有鼎貴之弟居帝王之都藍田別業傳為丹青馬子速蹇卑栖固不敢望然摩詰一生游歷亦未若少陵之東郡南徐秦州劍閣備經奇險即同遭天寶之亂辛苦賊中僅以凝碧短章忠悃如見庾信陳琳之歎遂以千秋北征詠懷涵涵大篇當之亦豈有愧色摩詰山澤之游惟裴秀才為同調殷遥儲光羲輩大都蕙帶荷衣贈言送別無當日巨公固不必汝陽宗王東川節使也吾幼眉可漠然矣若夫獻交幼眉一再相見即出

宦游中閒自新安乞假暫還幼眉有懷人之詠未獲晤語明年自定詩三卷刻行越縵序之而獻與君温伯雪子之交別有相視而莫逆者君詩刻成遠寄在余懷袖閒已三年矣高秋木落于役安吳道中望黄山之背泓峥蕭瑟浩然有懷重申遐恉並辭同人見清

仁和譚獻復堂類集卷一

於書客故紙中搜得章實齋先生文史通義校讎通義殘本狂喜與得晉略同章氏之識冠絕古今予服膺最深往在京師借葉潤臣大藏本在廈門借孫夢九家鈔本讀之不啻口沫手胝矣不意中得之良足快也

閱文史通義外篇表方志為國史深追官禮遺意此實齋先生所獨得者與內篇重規疊矩讀者鮮不河漢其言或浮慕焉以為一家之學亦未盡耳縣之國門羽翼六藝吾師乎吾師乎吾欲造學論曰天下無私書天下無私師正以推闡緒言敢云創獲哉

得陶子珍書訪得章氏遺書文史通義校讎通義版刻在周氏同年介孚名福清之族人也輾轉得之不虛吾度江一行

章氏遺書板至殘佚五十四葉取予藏本上木翻刻補完此書終以予故得再行于世矣粤雅堂叢書有之

見清仁和譚獻復堂類集日記卷一三

閱章宗源逢之隋經籍志考證十三卷章氏以畢生精力爲此僅傳史部意在搜亡考逸可謂精勤愚意則於存書中與志載卷目同異及亡書之近人輯成篇卷者補注一二亦目録家所當知予方治九流之言擬依章氏例爲子部考證中白逝矣誰與共此業者

閱章宗源隋經籍志攷證十三卷体昉深寧意存亡佚子家簿錄倘得以例成編承學之士誰與共此業者又今存之書殘闕踳乱正資討論惜乎章氏能爲之而不爲

見清仁和譚獻復堂類集日記卷四五

越中百詠序

應寶時

半生夢想雷門風洞之奇，一日神游梅市柯亭之勝。六千人姓氏滿貯胸中，八百里湖山全收眼底。不必探從禹穴，銀書竟破壁而來；何須吟到姥峰，金闕已排雲而出。則讀余友周君寄凡越中古蹟百詠也。寄凡以有用之材，值無聊之際，青衫半曳，到處尋春；蠟屐雙攜，及時行樂。往往逍遙賀監之宅，偃蹇放翁之居，縱馬西施之村，停車謝傅之墅。書工內史，三月則禊事重修；詞妙中郎，五夜則碑文再讀。登鷓鴣臺上，撫霸業而弔英風；至蓬萊閣中，弋遺籤而鉤秘笈。浣紗石古，每懷春草之徒芳；埋玉斜深，又惜落花之空晚。今者簫吹吳市，難忘土音；帆掛松江，益思鄉味。於是手編舊跡，背想前蹤，記以長篇，系之小註。近撫秀水故園舟檝之歌，遠仿杜陵異代江山之慨。要皆以人傳地，即事攄懷，蓋寫莊舄之歸心，惟憑豪素飾少文之臥室不假丹青至其考袤量輪疑讀班固地理志形殊狀詭恍釋郭璞山海經又有不待言而彰彰者矣時生而喜動壯更好游乃日日風塵錢江不肯渡我年年燕豫鏡湖未免笑人今讀君詩請與君約他日撥奴子之櫂傾女兒之尊按籍尋幽披圖選勝即以此卷為前導毋使一入山陰依然應接不暇也

道光歲次己酉上巳永康應寶時序於吳江舟次

因請吾兄周晉鑣題
中万衕

越中百詠序

沈　豫補堂

夫書傳越絶，備詳風物之宜；莊賦越吟，聿攄蕭騷之緒。斯則桑梓之地，未免情多；山水之佳，不無興發。周子寄凡，亢爽士也。其人鶴立，其筆鳳鳴。本自諸生，家承素業，溢氣至涌，飛辯騁辭。雖屢冠青衿，見賞宗匠，而未抛白紵，尚滯科名。遂乃溯之江，游吳會，坐鴨嘴之船，聽驪歌之唱。胭脂滙畔，多半勾留；鴛鴦櫂前，翩來飄忽。跌蕩於五湖三泖之上，廊廡在鰼門虎阜之間。青氈還我，大好斯文；朱衣點頭，定當來歲。浮白大叫，按拍高歌，遂得越中百詠焉。鄉思乙乙，蠶吐絲兮纏綿；别緒盈盈，烏向枝而環繞。詠山川，即班氏地理書也；詠名宦，即范史循吏傳也；詠忠烈，即浦陽人物志也；詠臺觀，即未央宫闕記也。藴之以性情，發之以藻繪，諧之以韶濩，振之以金石。騰踔風雲，刷洗俚鄙，既文既博，亦雅亦騷，君其兼之，無遺缺

紹興縣志採訪稿

已夫百一之篇德璉創其體百詠之作竹垞寫其懷自古文人多以數記於今作者亦仿斯裁關詩學之奧津法史家之外乘繼自今續越風者將於君為取則焉是為叙蕭山補堂沈豫謨 見清會稽周晉鑅

越中百詠

越中百詠序

張世光杏史

壬午客津門梅吟齋孝廉成棟嘗屬予輯續越風既而衣食於奔走至於今未暇竊嘗憾焉戊申冬周子寄凡自吳旋里手一編示予曰越中百詠披覽一過棖觸予心向者欲續越風而未果今付託有人矣昔莊舄思歸不忘故國鍾儀操樂仍守土風拳拳桑梓自古而然寄凡結懷鄉之處發思古之情騁淹雅之才博謳吟之趣舉帝王卿相忠孝節廉學士文人名流逸客攷据精詳議論倜儻一一皆因地傳人以詩代史或溯其遠以及其近或識其大以槩其細譬如觀天文者經緯明而衆曜曲蒐察地理者嶽瀆尊而羣望從略豈非極吾越之大觀乎其所已詠者名勝見於一斑其所未詠者制作采乎歷代吾方期其詩爲越風之續而并以續越風之責任之寄凡以慰我故友吟齋也異日輶軒采風海內

則將追美乎一十五國之篇章而積累以至三千三百越中云乎哉百詠云乎哉寄凡又將有吳門之行爰書數語於簡首而還之時己酉孟陬下澣友生杏史張世光書於蜀山之寄廬見清會稽周晉鑅越中百詠

儀禮易讀序　雷鋐

三禮之中昔人獨稱儀禮爲難讀然唐宋有明經學究專科故宋初官板儀禮疏經注但標起止而疏文列其下蓋學者童而習之不必屑屑然登載本文自今言之毋論注語即經文亦罕有能熟其誦數者矣山陰馬生德淳治是經者逾四十年自注疏而下宋元以來諸儒之說靡弗殫究而又恐學者以是經之難讀而不之習也著儀禮易讀一書於經文則添註以釋其義於諸說則兼采以集其長自有此書而初學之習是經者皆可漸識古聖人曲爲之防而事爲之制之故噫生于是經豈獨不若其難抑又能爲其易者以啟人從入之途可謂用心之勤者已元虞雲莊之序禮記集說也曰章句通則蘊奧自見不必高爲議論而卑視訓故之辭

由九及今其書雖或不足以饜學者之意而所論固確乎不易也夫天下莫不好易而畏難其習之而難也雖以聖人之制作三代之儀文不能強後世不悅學者之心其說之坦明易知雖如雲莊集說之自謂僅便于初學而頒學官者且三百數十年不改生之爲此非故爲其易也蓋將以引學者之心而聖人之經藉以明也嗚呼自三十九篇之亡如中霤禘于太廟王居明堂諸禮皆僅得之孔鄭所引而此十七篇者尚完備如他經學者誠能即是書而深思其意則聖人承天之道治人之情者於是乎在顧生成此書久矣力不能以問世今得山陰令萬君任剞劂費之半而廣文李君更薈萃以藏其事可謂有功經學者故並識之見湖海文傳青浦王昶德甫輯

儀禮易讀序

齊召南

五經之爲經古今一也惟禮則唐以後配易書詩春秋爲五與漢之稱爲經而列在學官者迥然不同漢于禮立博士三家二戴慶氏皆髙堂生后蒼所傳所傳之經皆儀禮即藝文志所叙古經十七篇是也漢末鄭氏康成注儀禮兼注周官禮記魏晉而後遂有三禮之名然言經猶推儀禮自唐作五經正義於是禮記大顯而儀禮始微同時賈公彥雖本鄭注作疏與周官並行學者視十七篇已不啻左氏春秋之眎高赤即豪傑如昌黎猶謂苦其難讀宋儒窮經頗同二漢而專釋儀禮者甚稀今所傳劉敞小傳陸佃禮象陳祥道禮書朱子黄幹通解楊復圖解不過數家即有名登總録若周燔李如圭張淳魏了翁等其書豈尚有片紙隻字存耶元

儒吳澄序錄考注及敖繼公集說至今尚在而學者于儀禮久已棄擲不觀固有白首談經未嘗略窺齒牙者經術之衰益至十七篇而無以復加矣余初在翰林嘗欲與杭董浦太史網羅散佚舊聞稍爲編輯後見吳東壁作句解心甚愛之但未見其全書也今年居蕺山有老儒馬君德淳以所著儀禮易讀見示馬君眞好古力學之士哉其書句解節釋使學者展卷而明不苦難讀尋端究委忘其瑣碎煩曲樂于蒐討可以舉前賢辨論會其旨趣而剖判異同此書倘行是古禮經振衰之一助也嗚呼俗學荒經蔑古久矣游談無根至即稱禮記爲曲臺記曲臺記即后蒼所述以傳二戴慶氏者書早散亡而其所傳之經則十七篇今猶列於十三經刻于國學炳如也因馬君請序爲慨然三歎者久之（見湖海文傳青浦王昶德甫輯）

書徐文長集後

沈德潛

徐文長渭才人也受知於胡宗憲有國士之目人艷稱之予謂宗憲之知文長文長之不幸也宗憲與趙文華並官總督並受滅倭之任文華不知兵倚宗憲爲重宗憲欲藉文華以通於相嵩承奉文華者無不至當是時殺張經殺李天寵陷曹邦輔陷楊宜雖趙主其事胡亦助之而文長晏然爲入幕賓至爲宗憲上相嵩啟中云知我比於生我益徵古語之非虛感恩思以報恩其奈昊天之罔極又啟云人有疾痛痾癢必祈免於天地父母然天地能覆載之而不能起於顛濟父母能保全之而未必如此委曲云云才人末路至於斯極豈文長亦有不能自主者耶後宗憲被收文長愳禍發狂慟哭至於引錐刺目傷體殘形君子既咎其遇又悲其窮

也嚮使當日困守蒿萊不游幕府以浩然之氣寄之于文誅奸諛發潛德何施不可而至自穢其筆墨乃爾哉書之為抱才而不擇所主者戒

見青浦王昶德甫輯 卷七十頁十

澹生堂藏書目十四卷。紹興先正遺書本

明山陰祁承㸁撰

徐友蘭跋右澹生堂藏書目十四卷明山陰祁夷度先生著先生名承㸁字尔光初號越凡萬歷庚子舉人甲辰進士官江西布政使司右參政忠惠公彪佳父也幼耆書成而不券載羽堂燔澹生踵起歲益月益十年五年期之永永藏書約庚申整書小記備陳之斟細是書箸錄夥頤駢羅龐富洵其言之不謬也夫目錄之書自劉子政氏七畧初班孟堅襲之造藝文志継是而來作者滋益多雖然劉氏之箸有大例一有小例二後嗣或未知七畧佚班生之書存則其誼可推如互見如裁篇別出志所見是也若其大歸因書以立例不任例以券書志無文然志

之目巨者六細者三十有六其所區分皆此意爲族史局於中經未能工闕綴有纂述正復貌同心異如知幾言於乎官書猶尔私著可知今先生之說則曰書有獨裁類無可入余則益之古緐今簡前偏後略余則傅之復有作非一途言多旁及奚得概收漫無紀律曰互曰通其義斯具疏瀹源流實事求是與中壘之旨若符析復合漢以還未之過也乃至世祺清華習譜舊聞其所綜述國策野言多明史未及之書詩文分省左右邑志爲攷文徵獻之所需然校論次弟尤不敵其創通例目紹述録略之多焉若夫參驗羣書楬櫫章異篇卷繆縒則所見異辭無爲一轍讀者自能得之亦不箸焉

漢孳室文鈔四卷補遺一卷紹興先正遺書本

清會稽陶方琦撰

徐友蘭跋：右漢孳室文鈔四卷補遺一卷，會稽陶君子縝著，文八十首，大都證明義訓，拾補遺藝，衷古而不墉虛詞，于實事求是之家法執持甚嚴。其序爾雅漢學證義也，言吾亦一于漢儒師說而已。為左海經辨跋，又言僻耆孫陽湖、王高郵及陳氏之書。夫三氏固學林職志也，循覽遺文，綜覈自述，志趣章矣。道光季年，君宗姓曰在一思曾先生以鄭學聲于時，箸論語鄭注證義、孝經鄭注證義、春秋左傳賈服注參攷、詩攷攷、書疑疑、說文引經異同攷、玉篇太平御覽引經攷、城門制度、五千卷書室詩文稾諸書。其論語證義、春秋參攷，阮文達公俌謂精審詳博，非老宿不能見陶君心雲濬宣所撰族兄在一先生事畧君賡其學師事李慈銘先生畢命鉛槧備所未及為周易鄭注疏證後就鄭氏遺著搜拾故言仿爾雅次之為鄭雅生平好許叔重書以類治說文為通釋十二篇漢孳室讀說文記與嚴鐵橋相出入又因說文而推知許君淮南閒詁多攙亂於涿郡援蘇魏公言左以說文及羣籍所采剖泮而疏通之定閒詁二十一卷為許注異同詁四卷補遺一卷續補一卷說文補詁八卷存疑四卷其箸錄宋藏二本博毋舊說理而董之別為參正二十四卷莊本勘記六卷舊音一卷于南閣一家之學蔑以加矣夫當代學術非許鄭不宗而君與在一先生兩闡之撰述裒然業江南北諸儒詎獨一鄉一姓華哉君于許鄭之餘覃心小學則有爾雅漢學證義商周

金文斠秦漢石文斛一切經音義華嚴經音義輔行記校堪〔勘〕記玉篇校本汗簡校正呂覽古讀攷公羊異文攷之作演贊六藝則有魯詩故訓纂公羊春秋集釋大戴禮補詁今文尚書集說韓詩遺說補之作其裒輯佚書如倉頡篇埤倉廣倉字林字學聲類桂苑珠叢賈逵國語注謚法劉熙注古易義西漢易義後漢晉魏易義矦果何妥崔憬三家易徐邈周易音蕭廣濟孝子傳則繙帑所至摭取古馨以振先師之遺者也讀子札記讀史札記湘輶筆錄潩廬駢文湘麋閣集蘭當詞則君之隨筆與駢文詩詞也是編攷定經說惟戴古文于君之學猶海一蠡水一勺未盡也然本末亦畧具矣君于陽湖諸君子其學術韋合異同世自有識之者若求諸吾郡則固與在一先生如頻有輔軒

絕興鼎志術言系

然二難矣

周易小義二卷　紹興先正遺書本

清會稽茹敦和撰會稽李慈銘重訂

徐友蘭跋右周易小義二卷會稽茹三樵先生著李㤅伯先生訂訂例與二閱記同是書詮釋物名體近尒疋釋宮釋器諸篇案文責象近虞仲翔氏而鉤鈲析亂之失較卦野在卦外大壯者大過之易大過者頤之易夬者姤之易穴居野處象大過野葬象頤結繩象姤皆自來經師所未及所謂刊野文補逸象者非與所言頗與二閭記相出入茶閭曰大壯大過夬三義前已犢答之則此書大壯者大過之易云云其即茶閭犢之義與張臯聞謂易家言禮者惟鄭氏惜其殘闕不盡存今觀先生易學實能用鄭氏家灋而廣演之二閭記曰世或言周禮不可以疏

易然易者典禮之書故曰聖人觀其會通以行其典禮又曰易之於禮所不賅如利見小貞大貞不速之客類族辨物嚮晦入宴息升階好爵毀折立不易方厥宗噬膚凶事比傳禮制皆有精義而是書說禮尤詳桎梏於食配祖考黃金樽酒簋貳禴朱紱赤紱餗鉉匕鬯户庭諸科穿穴經記發揮鄭孔賾博貫綜擇精語詳可方駕孔氏禮記正義賈公彥不及也以在途稱婦在家稱女說女子貞不字女承筐以多方天惟時求民主代夏作民主誕作民主證近儒謂丈夫稱主君天子諸侯不言主之誤皆焯不可易以陳律三械周律枷拲梏桎足見南北儒者異同之端可謂好學深思以視北朝學士未聞漢書得證經術者何如哉

周易二閭記三卷 紹興先正遺書本

清會稽茹敦和撰會稽李慈銘重訂

徐友蘭跋右周易二閭記三卷會稽茹三樵先生著李悉伯先生重訂訂例見李先生自序不綴周易家言觀辭演理原於繫辭傳案文責象原於說卦傳是書亦說卦之支裔也多以互卦卦變爲說而不甚取納甲爻辰於漢儒舊學去取不茍其言曰于寶以十辟卦生乾坤又以坤之四主八月易義非一端可盡先師衆矣未暇以詳也又曰輔嗣明象先明其主後儒申之有主卦之主有成卦之主此論雖晚出而於經已有之又說色有魚曰先師生之論雖意有不然未可以蹢之也論鄭義麃馬二百一十有六應乾之策曰偶然耳麃之馬非以象乾也姑存之以

見先師之勤於象有如此者又曰易以取坎填離為要旨而能信者寡博學孱守不為主奴可謂通矣異卦同辭比醜攷索雖不及後儒焦理堂王伯申之密緻而華路啟林要為先覺綜覈辭象能苛無疏艮為足拇兌中為頰兌上為舌震為朝市離為大市艮為夕市巽為未張之弧坎為注矢之弧兌為既說之弧此比多多不背首施兩端以逃詰難又達於古今語言物名因革之故以鄭君漢制況周禮之法著之使人易了是誠實事求是之學雖足杵為蹂變容為冶之屬閒失纖巧然大體平實矣河圖為黃河圖洛書為禹書著取易得而堅韌可久埽一切支離傅會之說謂天神地示人鬼簡言之則示鬼皆為神萬國曰萬萬民曰萬萬物曰萬萬者數之最多者介咨即齎而曰咨齎

猶讐卽仇而曰讐仇嬉卽戲而曰嬉戲辟不成辭也古無言淚者言淚（涕）而已衛風曰泣涕既泣而又涕亦辟不成辭也康成謂無事曰趾陳說曰足此不必然趾亦足也通人之論不膠者卓矣

紹興縣志採訪稿

紹興縣志採訪稿

梦厂雜著自序　山陰俞蛟青源

余幼而失學不克自振弱冠即以饑驅奔走四方其間之豫之楚之西粤至於燕趙齊魯之鄉則往來尤數焉遊贄之餘訪其民風土俗灾祥興廢以及牛鬼蛇神飛仙盜俠或經目睹或係傳聞輒登簡帙以資歌咏以助劇談間有事屬尋常而寓陳善閉邪之意似於世道人心或有裨益雜之爲言也卷帙無幾而倫類不一如入郇肆米鹽醯釀之屬錯列於中以供日用之取給焉而均非異物之足以炫人也至於弇陋不文序述無法是則幼而失學之明驗矣嘉慶六年四月中浣梦厂居士俞蛟識於齋昌官舍之凝香室

紹興縣志採訪稿

西泠六家印存

浙中印人自丁敬身出而黃蔣奚繼之二陳又繼之浙派之名於是著武林王安伯泰酷好六家印所聚獨多庚辛之亂盡燬於火賊退丁丈松生丙廣爲捜集得百數細半出王氏廢宅瓦礫中藏弆之富近罕其匹久以未獲目睹爲憾辛巳春家君以事旋浙悉悉從假隸手拓累月宿願頓償同好見之紛紛索贈濡脫不易無以徧應因與何竟山太守澂議都爲一書各出舊藏并訪借友人所儲附益之彙印百二十分署曰西泠六家印本魏丈稼孫錫曾爲審定焉稼丈少與安伯游喜集西泠諸家篆刻藏有舊拓文特完好石經兵燹中多斷泐藉得録補其無可考者則闕之秋堂作印筆多于意儕諸五家不免如仲宣体弱以齒長曼生列之第五

譜成而稼丈之墓草已宿緣經手定不忍改易各印款識波磔纖
細世之章簡甫摹勒好手難得其真爰屬予友沈榴庵鎮轉録并
寫釋文付梓以廣流傳

是譜經始於辛巳春竣事於甲申冬各印半爲亡妹雋儒雋采
儒家手鈐兩妹幼承庭訓性俱慧知書史耆金石長妹尤精橅
拓款識細密不爽毫髮予與次妹皆不逮焉長妹適馮文卿大
令彬蔚次妹適徐偉卿茂才藜青三年中均罹産難譜成而兩
妹不及見矣附綴數言益深手足之痛

録傳子式先生邁廬題跋

華延年室集印

自明中葉吳中文氏創刻燈光凍石印而石章始盛行何雪漁承文氏父子之後以刻印名家始輯所作為印譜行世迄于今繼起者殆將百數十家遂為士夫游藝之一事好事者且奢為印人傳以著傳之于是復有收集諸家散見諸印為彙譜者又百十種而流傳珍秘購求匙得就　先大夫所藏單行者如蘇爾宣之蘇氏印略胡曰從之印存初集（此兩種皆於各印下詳載釋文）汪尹子之寶印齋印式（碎塊粘册不載釋文）薛穆生之漢燈（既載釋文閒註此字篆缺今從本文並有註明此為某人之印係何別字）鞠履亨之坤皋鐵筆（首附印文考略後附王声振研山印草各一卷各印下均載釋文）陳昜生之種榆遷館印普（不載釋文）總集者如張夷令所輯承清館印普（既載釋文又詳印質末列鐫者姓字藉知某印為某人所刻）及學山堂印普（卷首詳列篆刻各家姓氏亦載釋文）汪訒菴所輯

飛鴻堂印普（計五集格式與承清館印普同惟不詳印質）凡所著録例各不同俱未見有拓及署款者也迨道光朝吳中顧湘舟所集印册遺其普名（似名藝海樓）及杭人林雲樓所輯十六家印普（咸豐間先大夫曾於友人處見之）始各備拓邊款當時詫為罕見厥後武林王安伯秦好藏各家刻本印所聚獨多手拓款識精妙寡倫魏丈稼孫錫曾少與安伯游同有是癖亦精撫拓所集浙西六家印普最為富美朱墨爛然令觀者愛不釋手余酷耆金石兼喜集印搜羅廛肆乞借友人見必手拓亡妹隽儒夙有同耆尤精拓款得其贊助歷三十年輯成六卷卷首備載印人姓氏里貫以參資參考蓋擇用諸譜例也始何雪漁訖趙次閑楊龍石凡四十有餘家皆經稼丈審定其篆法少遜及在疑似間者悉棄而不取帙末附録一卷則以人存印不復計其工拙矣

韋端已有言曰沙之汰之始辨碔砆之寶載雕載琢方成胡璉之
珍後有同志當或有取爾
録傳子式先生遺廬題跋

紹興縣志採訪稿

傅節子先生華延年室題跋誌

計三卷

華延年室題跋二卷外王父大興節子傅公箸也公爲學一以乾嘉談諸老爲宗多識博聞長于考訂自歷代典章制度以及故書雅記金石録譜録逸史稗乘靡不博綜參稽鉤析其同異得失而于明季掌故蒐討尤勤同時交遊若杭州丁大令丙湖州陸觀察心源以藏書雄海内而會稽趙大令之謙李農部慈銘仁和魏醝尹錫曾祥符周太守星詒又皆一時方聞之彦公與諸子方駕聯鑣郵問往來無虚日每得珍槧佳本秘笈精鈔輒彼此餉遺互相賞析由是所見益富而考證亦精是編所録經史子集傳記各題跋凡一百七十餘篇雖不足以盡公之學生平精詣所萃畧具是矣公於戊戌歸道山子式舅氏以金石文字世家學方欲校梓遂

于癸卯下世嗣孫開壽頻歲客游未遑繼志蔚母公女也懼先澤就湮亟謀付之剞劂俾傅氏子孫永寶勿替經始於己酉春越三閱月而工竣母氏諭蔚曰公嘗有言書之傳否不係於人之序汝毋以乞序為雖然公生平用力之所在與夫栞刻之緣起不可無以示後人汝其誌之蔚于公之學一無所窺敬承親命敢記其崖畧如此校讐是書者仁和高椿壽長與吳寶椿壽公從孫壻也

宣統元年四月餘杭俞人蔚謹誌

録傅節子先生華延年室題跋

陰隲文註釋

文昌帝君陰隲文相傳為降箕之筆斯世皆奉為金科玉律習舉業者尤重之于是有逐句命題作制藝者作試帖者更有一事繪一圖後附古人前言往事足資法戒者為之證佐各書雖不一体而為此文申明義蘊則一也從兄吉甫先生宅心寬厚事事不欲上人即有橫逆之加亦能忍而不校迹其生平與此文所稱容人之過奴僕待之寬恕等語莫不脗合蓋有賦性使然也迨晚歲始每早虔誦此文數十遍然後飲食酬應服習既久嘗歎古人舊注闡發未盡日手一編反覆紬繹積數年心力成註釋八十九條議論崇宏援引博贍行當與惠芝宇感應篇注並傳兄生而穎異讀書數過輒成誦文筆尤敏捷閒為小詩亦輕倩流利惜隨手散置

中丁兵燹莫可掇拾已補博士弟子員久之甫食餼以廣文注選顧淡泊寡營亦未嘗爲禄仕也亂後家中落授徒自給從游甚夥子及孫皆自課今相繼遊庠兄凡十躡省門而兩次佹得復失而反門録其課藝高擿榜花故余挽兄詩有文章漫道無憑據餘緒猶成豎子名之句蓋紀實也丁卯秋予將由楚南之官閩中兄賦七律贈别辛巳春奉差旋里見兄鬢髮雖衰飲啖猶昔相與訂十年之約當告歸共尋釣游之所孰知一别遂成永訣甫隔五載遽以訃聞嗚呼傷已今秋子壬姪書來坿寄此編敬述遺命乞爲之跋將繡梓以廣流布兄長余三歲先後同學十有四年相知最深何敢以不文辭既助以剞劂之資復述兄之存心行己及詮解此文之苦心所願後之學者轉相勸勉身体力行庶余兄淑身淑世之志藉以稍慰也夫

録傳節子先生華延年室題跋

傅子式先生邁盧題跋識

子式舅氏承外王父家學篤嗜金石賞鑒精審平生於著述不甚留意身後遺稿僅得金石題跋數篇而考據之精迥與盲人評古不同吉光片羽彌足寶貴茲刻外王父華延年室題跋竣仿古集子從父例即以此編附卷末云宣統元年四月餘杭俞人蔚謹識

録傅子式先生華延年室題跋

紹興縣志採訪稿

傅光禄集

右宋尚書令建城縣公文集隋書經籍志載三十一卷梁二十卷録一卷舊新唐書皆作十卷著録互異或卷有合併或漸次闕殘未可知也明張溥漢魏六朝百三名家集彙輯詩文為傅光禄集一卷　國朝嚴可均全上古三代秦漢三國晋南北朝文例不收詩據藝文類聚增立學詔而删去詔册璽書七篇蓋謂進劉裕侍中封豫章郡公二詔必非亮作惟封宋公進宋王二詔當屬亮而無左證禪代詔策璽書則王韶之作也考宋書南史本傳皆云高祖登庸之始文筆皆是參軍滕演北征廣固悉委長史王誕自此之後至于受命表策文誥皆亮辭也然則封公進王兩詔擬當日時事自出公手史傳之言尚不得為左證乎爰從張本仍列卷中

紹興縣志采訪稿

復據文館詞林增征劉毅詔收葬荆雍二州文武試嚴二敎據宋書禮志增殷祭卽吉議其修復前漢諸陵敎并依詞林補六十五字而坿以請蠲政三表則公與徐羨之同奏者也集内諸作多有年月可考已于標目下分别詳註依此排比先後勒爲上下二卷故編次視張嚴二本時有異同張本首弁題詞末坿史傳均仍其舊傳稱嘗作辛有穆生董仲道諸讚今並亡所著應驗記紀一卷續文章志二卷傳本亦佚幸志文頗爲諸書徵引謹捜集如干則附刊集後俾讀是集者藉得考見梗概云

録傳節子先生華延年室題跋

柳邊紀略 張石洲舊鈔本

右柳邊紀畧爲張石洲明經舊鈔今歸詠樵太史藏弆中籤改各條當屬明經手筆並附何願船比部識語道光中吳江沈翠嶺懋悳曾刻入　昭代叢書壬集不分卷且多删節卷首祇存自序末卷諸詩全闕考拜經樓藏書記稱後一卷爲詩前有自序及費密潘耒林佶黄中堅王源諸公跋吹綱録所載畧同核之此本悉與脗合蓋足本也今秋寓書太史假讀因檢沈本互校沈本固非完書然其中亦有可訂此本之誤者已用朱筆一一是正共得三百餘字惟末卷無可參證姑就訛奪顯然者標著眉端以竢審定其換車行暨至甯古塔二首已選入　國朝詩别裁集而字句頗有異同疑出選者潤色不得據校録副既竣覆勘一過楊氏所著鐵

函無書跋囊借太史藏本讐對亦寫有定本他日當與大瓢偶筆殘稿合刊為楊氏遺書四種附識以當息壤

録傳節子先生華延年室題跋

又手校 手校定本

柳邊紀略五卷山陰楊賓撰賓字可師號耕夫別署大瓢山人八歲能作擘窠書及長以刑名經濟之學歷佐大吏幕好著述兼善書法父春華坐友人累偕妻流甯古塔康熙己巳　聖祖南巡賓偕弟寶迎叩　御舟請代父戍不許遂至甯古塔省親途中墮馬幾殞及父殁于戍所復詣　闕請歸骨而格于例徧訪舊案久之始獲一卷以請部議從之乃迎母奉父柩葬于蘇州遂家焉卒年七十一見乾隆蘇州府志流寓傳乃　國朝詩別裁集稱其赴

闕訟寬得旨之柳條邊迎親歸殊為失攷按賓之至甯古塔也以己巳冬往庚午春歸歸十七年博稽圖籍追述見聞輯為是編柳邊者插柳條為邊猶古之種榆為塞在甯古塔境故以名其書書中不分門目大致卷一為城府關塞山川卷二為道里官制屯衛卷三為部落物產卷四為風俗碑刻卷五以省親詩附焉舊藏昭代叢書本首祇自序末無詩什證以拜經樓藏書本記吹網録諸書知非完帙近假龔詠樵太史所藏張石洲舊鈔足本初擬就叢書本增補洎細檢則其所闕不止第五卷暨費密等五序即各卷亦多刪節脫文既夥行間眉端不能具載因命侍史另繕是本繕完覆勘一過卷四金完顏婁室碑內缺文兩本所標空格多寡互異是碑金石家記已著録當覓其書審定卷五以無別本參訂

杜[illegible]

僅就訛奪顯然者拈出一二亦當訪求善本以正之

見同上

錄傳抄節先生六十壽序題跋節下

先生寄籍大興祖以籍紹興

鐵函齋書跋 楊氏重編四卷本

是書吳江沈翠嶺楙悳曾梓入昭代叢書壬集曩有其書遭亂遺失此本乃道光丁未漢軍楊尉農制府霈棐于嶺南附大瓢偶筆後舊分六卷合併為四按碑帖時代次其先後復據他書采入十八則据卷末附目共增十九則中開皇禊帖跋舊鈔原載殆楊氏所見之本偶遺之耳删其詞意複見者一則夫依類重編用便尋檢雖孫氏星衍輯古刻叢抄已有此例然失原書面目矣若卷第悉仍其舊而以新增者為補遺附後則盡善矣客秋從龔詠樵太史借讀塵俗經心祗翻擷一過未及細校今歲榷釐東沖晝長多暇因以蕭山王氏十萬卷樓舊鈔互勘計訂譌補漏七十二處俱標識眉端舊鈔亦有衍奪顧遠勝此本最謬誤者卷二何氏東陽蘭亭帖跋內鶴口二字併作一雀字

紹興縣志采訪稿

戴玉壽堂友

卷四涵萬樓舊拓爭坐位帖跋內姜學在作姜學士不知鶴口乃虞永興圓機書中字有人收得剪開賣之磬鄉二字得麻一斗鶴口二字得銅研一枚見金陵瑣事姜學在名實節萊陽人明給諫埰子也此皆無知者妄改賴寫本僅存得據以是正足見讐對雖學末務亦未可以輕心掉也太史精于考訂必謂雍之言然

又王氏舊鈔六卷本

鐵函齋書跋寫本六卷乃周㬎嘉太守所藏蕭山王氏十萬卷樓舊鈔經晚聞先生點勘㬎嘉暨亡友魏稼孫大令亦互有是正今夏從龔詠樵太史借得楊尉農督部霈栞本互校一過據增郭泰碑跋已下十八則并從墨跡錄得十三行聖教序兩跋為補遺附後合原載共一百九十通已定可繕寫是書尚有　昭代叢書本

惜遭乱失去末由参攷殊為闕典楊刻依時類重編併為四卷卷一中李鳳陽東陽何氏蘭亭第二跋因語多別見删去而以采自他書諸條散入各卷致新增與舊載漫無區別且失于讐對藉此訂正者甚夥于此益徵舊鈔之足貴

録傳節子先生華延年室題跋

紹興縣志採訪稿

年代不詳

淡生堂外集

淡生堂外集明承祁承㸁撰承㸁字爾光一字密士號夷吾山陰人萬歷甲辰進士仕至江西右參政忠惠公彪佳父也淡生堂儲藏之富甲於江浙著有文集十二卷牧律四十四卷國朝徵信録二百二十二卷餘苑六百四卷又淡生堂書目暨宋賢雜佩如千卷惜均未見傳本此外集二册為蕭山王氏十萬卷樓舊藏亂後散出丙辰得之越中常賣家計雜著三種曰瑯琊過眼録曰符離弭變紀事曰丙遊蘇門山記前無序目似非完帙知不足盈叢書載有淡生堂藏書約疑亦外集之一種爰手抄附後都為四卷時方增輯忠惠公集他日當合訂為祁氏家書惜羈宦海嶠力不能任剞劂未審何時始償此願姑識此當以當息壤 録傅節子先生華延年室題跋

紹興縣志採訪稿

明鑑易知録

康熙間山陰吴楚材删節通鑑綱目暨前續各編爲綱鑑易知録時通鑑綱目三編未出明代事蹟僅據上虞朱聖准鈔本續成明鑑易知録十五卷附後自乾隆中奉　詔銷燬勝國野史重刊易知録者因將明鑑撤去易以　欽定三編于是明鑑傳本遂佚伯兄侍宦山左時購得吴氏原槧藏之三十餘年亂後惟存明鑑一書雖紙敝墨渝而首尾完具會余纂輯明史附編亟手自裝緝以備參考其書所載與　欽定三編詳畧互見惟堅主惠帝出亡之説殊失闕疑之義蓋當時明史尚未刊布未經論定故也

見華延年室題跋卷上第二十頁

紹興縣志采訪稿

紹興縣志採訪稿

保越録

是書曾見兩本一為杭州吳氏瓶花齋舊鈔不署撰人名氏卷首無序中稱明兵為大軍及太祖皇字今著録　四庫者即祖是本一為明代越中所梨並武備志附古越書後標題元徐勉之撰前有自序結銜為鄉貢進士杭州路海甯州儒學教授中以明兵為敵軍明祖為敵主且間有冦賊之稱袖珍坊刻即祖是本顧越中舊槧世不多見坊本已燬于兵火儲藏家輾轉傳鈔致各書著録姓名互異黃虞稷千頃堂書目云張士誠幕客作山陰縣志則屬之山陰郭鈺惟王士禎居易録許尚質釀川集作徐勉之撰考紹興府志至正十五年明將胡大海等攻紹興自二月至五月迄不得下而去海甯州教授徐勉之著保越録紀其事云云與居易録

釀川集悉合則是書出俛之之手無疑吾友李蓴客郎中纂從翰林院得吳玉墀進呈本録副以隸暇日借閱取坊刻對勘數過吳本固多舛誤坊刻亦有譌奪參互訂正勒成定本坊刻舊有眉批十餘條乃明人所爲詞旨膚淺無所發明概爲删削録中所載死難諸人多有散見他書者如張正蒙暨妻韓氏女弛奴事載元史及山陰志郁文景妻徐氏蔡彥謙妻楊氏事載紹興府志及縣志惟縣志文景作景文徐本道暨妻潘氏妙元圓事載元明二史及府志惟以本道爲允讓其閒或名字偶歧而大致則同至王冕事蹟其說不一核以是録又皆不甚胞合元張辰作冕傳稱歲己亥君方晝臥適外寇入君大呼曰我王元章也寇大驚素重其名輿至天章寺大帥置君上坐再拜請事君曰今四海鼎沸爾不能進

安生民而置行擄掠亡無日矣果能為義誰敢不服如為不義誰
則非敵我越秉義之國不可以犯吾甯教汝與吾父兄子弟相賊
殺乎如不听我速殺我我更不與若言也大帥再拜願受教君終
不言明日疾遂不起數日而卒帥具棺殮葬于山陰蘭亭之側明
宋濂撰傳則云皇帝取婺州將攻越物色得冕置幕府授以諮議
參軍一夕以病死　國朝朱彝尊撰傳則云太祖既取婺州遣胡
大海攻紹興屯兵九里山居人奔竄冕不為動兵執之與俱見大
海大海延問策冕曰越人秉義不可以犯若為義誰敢不服若為
非義誰則非敵太祖聞其名授以諮議參軍而冕死矣三說固參
錯互異然如錄中所云軍前督眾治具決水事則皆無之勉之所
紀似非實錄意者冕為明兵邀致越人遂疑其甘心從敵因而文

紹興縣志采訪稿　保越錄

致其辭未可知也朱氏傳後又曰元季多逸民見其一也自宋文憲傳出世皆以參軍目之見亦何嘗參軍事哉因别為傳上之史館冀編纂者擇焉其意蓋欲正宋傳之誤乃明史文苑傳仍以宋傳為藍本何耶未免厚誣前哲已因校是録并論及之

戊辰冬需次來閩從周季貺太守假得瓶花盦寫本屬子九茂才互勘一過其中衍奪與進呈本畧同蓋兩本皆出吴氏也于此益徵明槧之善

見華延年室題跋卷上第七十五至七十七頁

傅氏家書

隋書經籍志總集類李氏家書八卷傳本久佚梁劉昭續漢書志注引漢李郃上顯宗兩書暨六宗祠奏皆家書之文則先集彙録東京已有之矣吾傅氏系出唐堯自夏時大繇以封邑為氏在商有説命載在尚書在周則瑕仕于鄭傁見于晉而世次弗詳蓋書闕有間已厥後義陽侯起北地始大于漢于是有北地傅氏著譜著録隋志世説新語嘗引及之從此人才輩出史不絶書歷魏晉南北朝隋唐史册有傳者　十　人著述見史志者二十五種三百八十餘卷所謂立德立功立言者於斯為盛溯厥本貫則皆北地也乃以世祀逾邈數丁五厄累代撰著都付幽遐或韋而散在簡策輒割析辭義互相乖迕以禮繫粗官閒見弇陋守文字不足

以揚芳烈學業不足以綜墮遺賴前賢輯本具存得以保殘守缺從而寫襲雖補苴罅漏芟定衍奪僅等諸一畚增嶽一蠡損海而過不自量銳志纘緝句梳字櫛紬次爲編載離寒暑已于事而竣定著六種附二種都　卷其孤文片語記屬存者則合數家爲一帙仿吴越錢氏書爲傳芳集　卷附後吾宗由漢迄唐之文不盡于此而盡于此入宋已後別列續録不在是籍題曰家書從李氏例也

録傅節子先生華延年室題跋

傅氏續録

續之名昌仿乎漢書藝文志有馮商所續太史公七篇為讀書著録史志之始自時厥後羣隸相沿說文續連也爾雅釋詁云續繼也蓋連類而及繼事為功義兼有之且似續妣祖載在毛詩則施于一家之言及固其所吾傅氏自北地徙清河見新唐書宰相表五代擾攘闃寂無聞入宋而人文蔚起克融世哲益暢宗支雖屢遷厥居而譜牒倫具系葉秩然故劉後村撰忠簡公行狀有曰傅氏自獻簡以論諫顯忠肅以節義著太傅以高才稱公襲忠孝之嫡傳倫家庭之全美而又受業于朱文公嘗以君親為重利禄為輕真西山序忠簡公猶子景裴文編亦曰盛哉傅氏之懿也自獻簡以高文正學為元祐正臣一傳而為忠肅再傳而為至樂又再

傳而樞密大坡之弟文章著録前後相望雖前代文宗未有絶之者其文均載本集至樂為太傅公齋名朱子曾為之記大坡謂忠簡公盖公嘗官諫議大夫云計兩宋三百餘年先世著述登志乘者其目十有六為卷二百二十有二而奉敕纂修者不與焉乃元明以來什一劚存及今不爲輯久益漂佚于是懷鉛握槧不遑監寐凡首尾完具諸裒既參校各本刊正疑譌即篇章亡散而遺文墜簡雜出衆家叙載者罔勿旁搜博綜緝而綴之俾逸而復存惟以傳作題罕不能專行概彙入傳芳集續編仍前書例也皆已定可繕寫如未槩括後之人幸詳其致焉昔黄梨洲子百家裒集先世事寔詩文為黄氏續録謹襲其名用續家書凡存書三種附録兩種共二十有三卷 録傳節子先生華延年室題跋

傅氏傳芳集外編

嘉興錢給事儀吉錢氏清風集序曰予撰次先世文字及先人師友周旋之雅詩歌投贈之作都爲一集流連諷詠此亦先人志意之所存而声音笑貌雖悠遠闃寂之餘猶往〻若有聞見嗚呼其能已於思乎詩爲我先人作也故第其前後不以作者而從我先人之世次長幼若其年可知者即于題下系之年可以考見當時出處蹤跡之略云〻見衎石齋記事續稿吾傅氏漢晋而後以宋爲最盛道德節義政治文章世濟其美故累朝褒答之詔同列薦舉之牘洎銘幽表德之文投贈倡酬之什見諸一代載籍暨各家别集者更僕難數以禮既裒集有宋先世遺著爲傅氏傳芳集續編復仿錢氏書例輯爲是集凡分五門都爲八卷所愧見聞弇陋

蒐羅垂五十稔而兩宋遺篇未見者尚有什之二三後有所得當

隨時增續云

録傳節子先生華延年室題跋

傅氏家訓

右先七世祖知事公家訓六篇康熙辛巳鐫于越中里塾閱歲寖多闕有𨷖失道光壬辰冬先大夫自德水乞養歸并公所校訂之人譜類記與夫六世從祖縣丞公之色戒録六世祖大使公之心儒詩選逐一補葺仍還舊觀己酉春伯邑光宰陵邑以僚友求索者夥嘗丐翟文泉年丈以分隸撮纂方謀鋟木會移疾未果同官胡秋潮明府聞之願任剞劂之役旋以咸豐癸丑春翻雕于東郡以禮曾誌緣起以為跋尾相距已四十載胡刻莫知流落何所家藏諸槧則辛酉遭亂播散殆盡幸櫥印之帙偶存同治戊辰冬得猶子楨沐梁書請重鍥用垂永遠時正蒐輯先代撰述由晉迄唐各集為傅氏家書兩宋遺著為傅氏續録亟思以次壽之棗梨而網

紹興縣志采訪稿

羅殘賸聯系奇零剌取綦繁彙纂匯易爰先以有傳本二種辨疑糾誤即于次年夏手寫夏小正戴氏傳墨版久之至今冬甫繼成先忠肅公文集均附以札記因此編篇頁尚簡遂匯付梓人原刊無卷數謹釐為上下卷其中字句視家乘所載少有異同業命猶子樾参互讐對以禮覆加審定之心孺詩選有七集題詞采入弁首並以家乘小傳附後俾讀者藉得考見公之行誼焉

録傳節子先生華延年室題跋

楊大瓢雜文殘稿

右大瓢山人雜文殘稿僅存文三十八通末附省覲出塞時同人贈行詩文卷首有太倉季錫疇吳門葉廷琯兩跋暨蘇州府志流寓傳季跋稱殘稿向藏其裔孫大士員外夢符處大士子果林爲吾邑尹没後遺書散佚此書亦出以易米惜其或致漂没因與王君心齋同録云云余搜羅大瓢遺集有年近讀葉君歐波漁話附載季跋知吳下尚有傳本亟書屬淩子與茂才物色子與夙留意鄉先輩撰著時客邗上不數年爲傳寫郵致即此帙因手録目次弁首以便尋檢并據所見墨蹟摭拾詩什如干首附綴入其晞髮堂稿雖付幽遐而遺墨流傳尚夥復有所得當隨時增續也至葉跋謂大瓢所著大半已佚存者惟柳邊紀畧及此一編而已其言

未免失考就余見聞所及紀略殘稿外如鉄函齋書跋大瓢偶筆家庭紀述近世均有傳本吴江沈翠嶺楙悳嘗以紀畧書跋刊入昭代叢書偶筆則鉄嶺楊慰農霈制府刊於嶺南共八卷復附書跋四卷惟沈刻紀畧不分卷復漏載費密等五跋洎原附諸詩楊刻偶筆書跋皆以類重編非復原書之舊楊氏當時并得記述一書惜未同付剞劂僅采録數條附入偶筆致其書不顯于世周粤嘉太守藏有書跋原本六卷為蕭山王氏十萬卷樓故物經晚聞先生點勘曩曾借録已與楊刻互校并增補數通復從龔咏樵太史假得張石洲明經手校紀略舊鈔五卷完具亦繕有定本極思并此編彙為楊氏遺書五卷而偶筆記述兩種原本一時無從購置未審天壤間尚有流傳否因跋此稿并附及之以待訪求

録傳節子先生華延年室題跋

堵文忠公全集

明史本傳稱桂王贈公潯國公謚文忠是書題堵文忠集從正史也考集中孫順所爲墓表暨胡氏撰家傳均云贈鎮國公謚文襄後改謚忠肅孫與公爲同年友胡則嘗從事軍中者也耳目所見當得其實似改題忠肅集爲允

録傳節子先生華延年室題跋

紹興縣志採訪稿

祁忠惠公集

祁忠惠公集十卷補編一卷附商夫人錦囊集女昭華未焚集子奕喜紫芝軒逸稿道光壬辰山陰杜煦尺莊春生禾子同輯同治丙寅坊友姚君以此本持贈無附編三種初謂偶佚繼見新印各本皆然甫知咸豐辛酉之亂板本殘闕庚午夏自閩入都展

覲與家子尊駕部昕夕過從子尊以十錢得附編于廠肆知余所藏適缺是册遂以見貽延津劍合洵快事也嗣從魏稼孫明府獲覯忠惠尺牘墨迹亟録入附編卷尾公先德夷度先生著述尤富惜傳本罕覯亂後僅得淡生堂外集二册其子目爲瑯琊過眼録符離殫變記兩遊蘇門山記復據知不足齋叢書增以淡生堂藏書約他日擬合是集重刊名曰祁氏家集另有增訂史忠正公張忠

列公遺著并儗匯為明季三忠集是固鄉後學之責也特未知何
時獲償斯願耳

録傳節子先生華延年室題跋

杜氏原編体例尚有可商者如勝朝諸臣殉節録自應并采所載
行畧不應僅録賜專謚數語列入像後况此乃謚議非像贊乎今
儗重為編次惟卷一奏疏卷五救荒全書小序卷六救荒雜議卷
七寓山注卷八越中園亭記悉仍其舊所有附編詩文并新增尺
牘則散入卷二卷三卷四卷九各卷中勒為八卷而以明史本傳
勝國諸臣殉節録像圖弁首以行實遺事世系附末是集乃後人
蒐輯成編非出忠惠手定不嫌另行排比讀者當不以為無知妄
作也見同上

傳忠肅公文集

右先忠肅公文集三卷宋慶元初元公孫樞密公編輯原槧久佚由元迄今未經重雕宋百家詩存嘗刻一卷祇詩三十九首乾坤正氣集亦刻一卷祇文十一篇全書則輾轉襲寫雖已著録　四庫而傳本甚尠曩歲庚戌在越中祖貫周曇嘉司馬介沈霞西徵君假何竹薌司馬所儲吴州來校本録副見貽中更辛酉之乱先世圖籍及半生珍弆播散殆盡獨是集從故紙堆中檢出完好如故俛失旋得歷刼幸存或有神物護持俾永其傳屢思繡梓壽世苦無他本讐對緘庋篋衍僂指四十餘稔已戊辰冬赴官三山獲交楊雪滄觀察承以殘編持贈會陸存齋觀察奉檄來閩亦出吴兎床藏書相眎復寓書丁松生大令借得兩張一爲吴州來校本

即何氏故物一則藍格舊鈔繙帑數過五本互有異同爰命猶子
楣辨别疑譌標舉脫衍又屬魏稼孫明府鈎稽彙勘是正良多己
卯秋命侍史另謄清本躬自審定句核字櫛紬繹再三庚寅夏覆
加董理旁徵博證凡詩文采入諸家總集者宋詩存正氣集外如
御定四朝詩宋詩紀事别本乾坤正氣集即所選無多罔弗參
考惟各本皆奪之文暨付闕如不敢臆補因成校勘記一卷附後
公事蹟具宋史忠義傳若身後以子孫升朝追贈少師累贈大師
則見于晦庵集暨後村大全集墓在南安縣雙象峰則見于福建
通志此皆史傳狀誌所未詳者行狀乃建炎二年晁氏公休撰墓
誌爲紹興五年李文肅邴作作並在編集以前晁固姻家李亦兒
女戚又公同年友也論文章名位李寔負出晁上迺集中僅附行

狀而遺墓誌今據清源文獻增入更從宋史録出本傳從泉州宗譜影橅象圖從靖康小雅剌取贊語并歷代收藏書弁諸簡端用述今昔流傳梗概已定可繕寫

謹按是集已合五本經三手五（互）勘四過其中藍格本最為完善吳免牀與楊氏贈本大致無異疑同祖一本卷上均脫一百二十三字吳州來本卷上脫七絕一首卷中又脫四百三十九字卷下又脫啟一篇家藏本即從此傳鈔脫簡悉同而訛奪更夥可資訂正者頗尠州來本末附校字二百餘則今擇其精審足據者彙入此記集中表頌功德疏口號諸作其頌颺君國處俱上空一字舊本必通体畫然祇以屢經襲録遂致各本紛歧或另跳行或徑連寫糅雜參差前後互殊考卷首序文行狀乃宋元本原載其間涉及朝

章國故者壹皆接書謹援其例逐卷排比概不空格以歸一律又集中凡構穀彀廓等字咸避而不書分注高宗廟諱嫌諱太上今上嫌名編集在慶元初年光宗已傳位甯宗當時因有太上今上之稱後世重槧固可不拘元式第古書面目未宜輒改故悉仍其舊而以所避本字臚著斯記用備參證此編知而未見者尚有兩本一爲〻四庫著錄乾隆中　敕建七閣各儲全書一分文匯文宗文瀾三閣在江浙者已燬祇存　天府之文淵文溯文源文津四閣耳中祕鉅編末由覯也一爲常熟瞿氏家藏見所輯恬裕齋書目江海間阻遠莫能致倘他日天假之緣咸遂快讀據以覆勘先集庶無遺憾並識于此以當息壤云

錄傳節子先生華延年室題跋

華延年室題跋卷上目次

敕撰皇輿表

欽定國史貳臣傳

欽定四庫全書考證

欽定四庫全書總目

敕撰天祿琳瑯後編

欽頒武英殿聚珍版書浙刻本

欽頒武英殿聚珍版書閩刻本

又代

經類

尚書注

毛詩要義

嘉靖本儀禮鄭注

夏小正戴氏傳

春秋左傳類編

明刻本埤雅

鐘鼎款識

新會陳氏重刊二十四史 正史類

前後漢紀

歷代通鑑纂要

明鑑易知録

所知録

魯春秋

國榷
臨安旬制記
明史紀事本末　紀事本末類
平滇始末
南渡録
續綏寇紀畧
宏光實録鈔　别史類
永歷實録
國史唯疑　雜史類
懿安事略
因國遺編

紹興縣志採訪稿

先朝遺事

國變録

粤行紀事

琴江雜記

東南紀聞

野老漫録以上事寔之屬

紀載彙編

燕都日記

東塘日劄

江上遺聞

閩事紀略

安龍紀事
戴重事録
過墟志
辛丑紀聞
金壇獄案
明季稗史彙編
烈皇小識
聖安皇帝本紀
行在陽秋
嘉定屠城紀略
幸存録　明季稗史彙編本

萬廷年呈題跋目

又鈔本

續幸存録

求野録

也是録附鄧凱傳

江南聞見録

粤游見聞

賜姓始末

兩廣紀畧

東明聞見録

青燐屑

刦灰録

豫變紀畧殘本

四王合傳

三垣筆記

野史無文殘本

研堂見聞雜記

庭聞録

虎口餘生記

老父雲遊始末

平吳録

江浙叛案録

逸識

萬延年堂題跋目

夷氛聞記以上項記之屬

元朝名臣事畧傳記類

國初羣雄事畧

重輯碧血録

東林列傳

明末忠烈紀實

甲申以後亡臣表

吳三桂紀畧

吳逆取亡録

保越録

紹興傅氏家譜

薈蕞編
石林奏議　奏議類
傅獻簡公奏議
四明圖經　地志類
水道提綱
建甯府志
建炎以來朝野雜記　政書類
漢唐事箋
皇朝謚法考
讀書敏求記
華延年室卷中目次

華延年室題跋目

五

揅經室經進書録 譜録類

歷代帖目彙鈔

唐史論斷 史評類

傅子 儒家類

傅氏家訓

能改齋漫録

享金簿

武進直解 兵家類

柳邊紀畧 雜家類 張石洲舊鈔本

又手校定本

淡生堂外集

潭西草堂憶記

人海記

瀛舟筆談

鉄函盦書跋　藝術家類　楊氏重編四卷本

又王氏舊鈔六卷本

承清館印譜

寶印盦印式

胡氏印存殘帙

漢銅印叢

續唐人說薈

鬼董　小說家類

草西延年堂題跋目　六

歷代故事

宋稗類鈔 坊刻本

又李氏原槧本

高僧傳 釋道家類

續高僧傳

陰騭文注釋

北堂書鈔 類書類

姬侍類偶

台州叢書

支道林集 別集類

傅光祿集

斜川集

傅忠肅公文集

文定集拾遺

攻媿集拾遺

重編張尚書集

天啟宮詞

雪交亭集

四明先生遺集

祁忠惠公集

今樂府

榆墩外集

羊角定手定題跋目七

紹興縣志采訪稿

楊大瓢雜文殘稿

堵文忠公全集

會稽綴英續集總集類

詩倫

文館詞林

傅氏家書

傅氏續録

傅氏傳芳集外編

重輯續文章志詩文評類

藏園九種曲詞曲類

石鼓文金石碑版類

秦度

漢竟寧雁足鐙

漢三老諱字忌日記

漢曹全碑

漢李氏竟

秦漢瓦當文字

秦漢瓦當文字續集

漢龍虎二瓦

魏北海王元詳造象記

魏始平公造象記

魏楊大眼造象記

學延年室題跋目　八

紹興縣志采訪稿

東魏高湛墓志銘

北齊姜纂造象記

唐碧落碑

唐庾賁德政頌

宋資忠崇慶禪院碑

宋林孺人墓志

宋劉後村配墓圖

金貞祐寶券

華延年室金石拓本

玉版十三行　楊大瓢藏本

又魏水村藏本

又附楊翁兩跋本

又任竹君重橅本

明張忠烈詩文手稿墨刻

明北津渡巡檢司印

明崇德縣醫學記

邁廬題跋目次

周叔氏寶林鐘

周子義帛劍

漢建昭雁足鐙

漢內者樂臥行燭鐙

魏景初元年帳邊構銅

東魏興和四年成述祖造象

漢永平元年殘專

漢永甯元年專

魏景元元年張氏墓磚

吳黄龍元年專

八月潘氏專

晋陳黑磚

晋建興二年專

晋升平咸安兩紀年專

陳太建四年專

求恭謇專

魏丘穆陵亮為亡息牛橛造象記

魏涇州刺史齊郡王祐造象記

華嚴經殘石

華延年室集拓古專文字

華延年室集印

西泠六家印存

蔣吉羅蔣山堂印真水無香樂安書屋三印拓

殘明大統歷

甲申三月小病杜門草創是表今春復檢是諸書參互考訂始繕清本至此蓋四易稿已戊子四月十一日記　傅以禮節子

紹興縣志採訪稿

外王父節子傅公博學多識喜網羅殘明事寔稗乘逸史捜剔靡遺嘗欲纂明史續編未成殁後原稿零落此殘明大統歷及窜輔表蓋僅存之鱗爪也今夏刻公華延年室題跋竣遂并槧此以行世云

宣統元年五月餘杭俞人蔚謹識

録傅節子先生華延年室題跋卷下

紹興縣志採訪稿

書籍 五

目録　書籍

閩頌彙編目録

仰視千七百二十九鶴齋叢書序

鷗堂日記

淮南許注異同詁

紹興縣志採訪稿

閩頌彙編目錄

賜進士第通奉大夫禮部右侍郎兼翰林院學士前內閣學士內
國史院侍讀學士內秘書院侍讀纂修　實錄　玉牒　起居注
日講官治通家眷侍生富鴻基序略曰公躬犯熇暑馮師而施公
一鼓放澎湖鄭氏輿櫬降予時休沐返里門入郡紳士耆老鈔錄
公副草文告及播之輿頌里謠彙刊成書余敢不颺言簡端云按刊
本卷首冠以李光地一序據莆田舉人彭鵬言則李序為平海圖
而作非為彙編作為彙編全書作序者惟富氏此一篇亦作于公
在位之時富鴻基末未詳東華錄有康熙二十二年四月己丑禮部
右侍郎富鴻基以病免一條又三十一年十二月丙申予故原任
禮部侍郎富鴻基祭葬一條則所謂休沐返里門者在二十二年
四月之後卒于三十一年也

圖贊碑一葉　原目標曰像又注云贊今從碑額

侯官謝天樞模額題總督福建太子少保兵部尚書姚公圖贊

贊序有曰山陬海澨無一人不食公德被公賜而或有未識公面者謀之畫師繪公像鐫之金石人購一紙以鉢尸焉祝焉俾當食者見而喜寢者見而夢寐不忘善者見而感且勸惡者見而悚以懼也

侯官鄉紳鄭開極撰福州學田碑云父老頂而祝之因像公于華林禪寺朔望礼拜誌不諼也 見後碑類

再造全閩碑 七葉

康熙二十二年十月全閩士農工商建額題總督福建少保兵部尚書姚公再造全閩鴻功碑：序有曰閩之公自署其燕居之軒曰憂畏曰吾憂在蒼生之不理不憂海賊之不滅畏在閩閩之不樂不畏疆徼之不歡又曰公廣額豐髯目烱：若神明

御人圖魏肖像供于家徽村之隸望之反走每生辰里社燃燈火炷歌達晝夜比元夕者三日公誠所謂流功名于萬歲者矣

閩人于公平海之日大書救民用兵之績伐石鑱碑洪江之滸以示來禩又有全閩士農工商議建碑亭告衆文見後襍文類

平海圖亦名平海勳德圖凡十六圖十七葉

招撫刘進忠圖

招撫韓大任圖

紮營鳳山洪塘与湾腰樹觀音山對壘圖

設站運米圖

北溪龍虎山大捷圖

招撫廖琠等五大鎮圖

文圍山大捷圖

攻打洪礁紮營王家城嶄山寨圖

招撫武平將軍圖

克復觀音山三汊河等處圖

蕩平廈门圖

招撫朱將軍圖

請　旨復界安插投誠圖

出師定海闔頭銅山圖

禡師犒賞圖

平海凱旋圖

按莆田舉人彭鵬駢文有曰見自漳郡平海一圖見後啟類則是

圖趙于漳州人又鵬作三郡協漳行序云安溪李侍郎序平海勳德圖云一方徂征三方協餉令下流水矣然漳地湫隘無一日之積今益以十萬師即白鏹如山將安見公令只供本色歲得米三百萬斛給軍儲餘散民間亦得食此措餉救時之大計也見後樂府類則卷首第一篇李光地之序爲此圖作非爲彙編作也李序有曰公之卓絶古今者有三焉一則措餉有章也一則師濟協衷能用所長也一則罔居成功克善厥後也吾覩古之善居功者馮大樹行營不矜一士曹武惠南征不戮一人惟其不矜斯以不戮徽我公漢唐而下周宋而上幾使馮曹孤行

展界圖亦名復界圖亦名長樂福清展界圖凡八圖九葉

歡呼展界圖

遠近謳謝圖

捐給牛種圖

襁負還鄉圖

肄認廬墓圖

架屋墾田圖

秋成樂業圖

感恩崇報圖

福清生員何梅曰父老繪復界圖成梅為贊八章

侯官貢生陳日浴曰先是徙民既繪少保像祀于家茲復繪圖

請能文士作詩詞被之歌頌並見後書事類

按畫界遷民事在順治十八年所遷之地民所棄之地不止

禄清二縣且不止福建一省波及廣東江浙北直山東故公

于平臺之後有請復五省遷界請開六省海禁二疏見奏疏類中此二縣人既繪圖行世而閩人士為是圖作詩文者不知凡幾見于此編賦以下諸類處處有之

演連珠凡二十首五葉○原目云二十五首非也連珠始于漢揚雄此倣其体故曰演連珠

閩縣卞鼇撰自序畧曰公功在社稷澤尤被于生民病之日百姓禱祀者如趙父母鼇猶疑驩虞之下必有罔上之私及其死也市罷巷哭比之鄭人哭子産之哀無若是戚衛国吳文子之慟未有茲殷傳曰飢者甘食渴者甘飲知閩人之所以感公者其來有自予合公前後之事与夫上下之情不揣區區效演連珠体二十首用以悼公篇中第十一首自注云此公第一造福閩中事謂請八旗禁旅班師也第十五首注云公追薦陣亡將士哭動三軍為文痛切傳誦南人案此文彙編中不見

恩德述畧凡三十二則弁序跋十二葉○原目云二十六則非也

全省士民撰不著撰人即痛哭記已録入傳記類中

呈請留葬靈櫬衣冠文凡二篇四葉

貢生謝杲許僭鄉耆鄭慰等懇題請總督姚公靈櫬留葬福州

呈

泉州鄉耆林徭李之紀等漳州鄉耆董德温大成等請留總督

姚公冠服卜葬泉漳以慰輿願呈

右七種編為一册与後之賦詩等二十七種弁此彙編為十

册此十册中詩文皆撰于公在位之時惟此演連珠以下三

種則撰于公薨之後以上實為卷首一卷

憂畏軒奏疏六卷

卷一寵命一十八本

又　勸海一十六本　總凡九十葉

卷二勸海二十二本　凡九十三葉

卷三勸海二十三本　凡一百一葉

卷四勸海二十本　凡一百十葉

卷五勸海二十五本　凡九十七葉

卷六保民三十二本　凡一百九葉

康熙十八年三月京察自陳摺有云康熙二年十月遷授香

山知縣以澳夷一案革職議罪　赦免十三年正月臣在粤

省聞吳逆之變捐資募兵迎赴和碩康親王軍前蒙王命臣

進剿十四年三月内奉

旨優升臣爲浙江温處道僉事十五年十一月内優升臣爲
福建布政使十七年五月内優升臣爲福建總督六月初二
日即在漳州軍前接印任事七月十五日恢復平和縣城八
月十五日恢復漳平縣城九月二十日大敗海賊于龍虎山
蜈蚣山十八年正月復長泰縣城同安縣城三月進剿海賊
于石尾村又招到五路僞鎮全師來歸各帶全鎮僞文武官
三百七十四員僞兵一萬二千一百二十四名赴臣軍前投
誠惟海澄河深堡固未入版圖臣罪難辭云云按此摺拜官克敵各具年
月多爲諸家傳記所未及詳故録于此
康熙十九年四月初五日據坐省提塘官祝永賞到福建巡
撫吳興祚奉發 皇上欽頒日講四書解義一部

十九年八月初三日因病請回旗調理疏云臣從來不延幕賓一筆一字悉臣親手如聞賊警務必身先士卒親歷行陣是以倍加勞苦日復一日年復一年積勞成疾恐臣病不支封疆有誤臣切見撫臣吳興祚英果敏練倬有邊才伏祈就近陞補于封疆大有裨益本月二十六日奉 旨卿才品優長簡任閩省勤禦海寇平定地方勞績茂著正資料理着勉加調攝心供職不必以病求罷該部知道欽此按此公精力如此分其才藝足了十人者不足言矣

十九年十月十五日題為捐資加級仰祈收回成命以明臣悃事新例捐銀五百兩加一級乞

皇上俯念一片愚忠准臣控辭將臣從前蒙加之一百三十

三級免賜注册將臣此後例叙之三百餘級免賜再叙吏兵二
部議將從前捐助議叙所加之級与今捐助應加之級盡行銷
去應否兼宮保銜具題十二月二十四日奉　旨姚啟聖着加
太子少保欽此　按諸家傳記言四百餘級者即此事
康熙二十一年八月十一日內閣中書德啟納賚到
皇上欽賜御書清慎勤匾額
康熙二十二年三月十一日奏爲循分難安事臣子姚儀蒙
特恩已補狼山總兵矣但臣父子蒙　恩過重超拔太僕即授
臣子總兵之職亦應補授邊陲遠地使臣子得以戮力疆場爲
國効死豈可補授腹內善地逍遥安享不特非臣報　國之
初心亦非臣子改武自効之本意云云　按長文公仕履諸家記載不一今考寵命卷中

謝恩捐例叙履具本末并附于後
姚儀由監生捐納知縣康親王給以遊擊劄付從優議叙以
同知員欽先用康熙十八年六月廿五日領咨赴部候補並
奏請改補在京徵職如臣身侍
龍顏部議候選外官無改補京官之例以無庸議具題八月
初十日奉　旨姚儀著以京官用部議以同知對品京官順
天府治中宗人府經歷具題八月三十日奉　旨姚儀著以
員外郎用升郎中二十一年八月大選各府方面官刑部廣
東司郎中姚儀掣授河南開封府知府奉　旨姚儀著仍留
以京官用部議以五品通政司參議大理寺寺丞光禄寺少
卿題奉　旨姚儀才幹素優且願以武職自効應改以武官
用兵部查郎中品級與參領同參領既以總兵用應授為都
督僉事以總兵官推用奉　旨依議二十二年兵部奏狼山
總兵官金世榮調補福建漳州總兵臣部照例或將參領等
或將現任副將等開列具題奉　旨姚儀補授江南江北狼
山總兵官應兼職銜尔部議奏部議應兼仍以都督僉事充
鎮守江南江北狼山等處總兵官俟　命下之日揭送內閣
撰給　敕書可也
二十二年九月初六日奏為蒙　恩過重揣分難安冒請將
臣優叙并加提臣以重大帥之功以安微臣之心事八月初

三日准兵部咨福建水師提督施琅題為飛報舟師渡海克取澎湖大捷事六月二十六日題二十九日奉　旨在事有功人員着從優議叙該督姚啟聖親至厦门彈壓殫心催趲粮運鼓勵將士克奏捷功亦殊可嘉着一併從優議叙移咨到臣念臣以革職知縣荷蒙　殊恩優升閩督毫無寸功旋晋宮保因收金厦復授世職　恩榮已極今忽以攻克澎湖邀奉　温旨優叙臣何人斯當此異數况六月渡海深入不毛提臣施琅寔為人之所不敢為而身親行陣督戰帶傷提臣施琅實又為人之所不肯為臣逍遥金厦坐享成功焉敢仰附提臣一并優叙雖臣首倡剿滅臺灣之議堅任蕩平海賊之事設詢設謀用剿用撫數載苦心未能一當今俱成于

提臣一戰之後止應附敘薦人受賞之例不敢同叨一并優
敘之恩鄭賊建邦殊域雄據海外今蒙　皇上運籌決勝于
萬里之外提臣奮勇血戰于六月之中臣復何功敢叨　寵
異今日嘗任水師討賊者提臣也血戰克澎湖定臺灣者亦
提臣也六十年巨寇一旦平定外域悉附版圖提臣之勳真
莫大焉如臣數載尸位海疆者安敢比擬伏祈　皇上鑒臣
愚忱將臣之優敘一併加給水師提臣旌其殊績以示　朝
廷褒崇之典臣之願也謹具本控辭伏乞　敕部議覆施行

按此部議未得見全氏祖望撰第二碑云乃以首功封琅將以次及公公疏言此廟謨天定微臣無力　天子疑以爲有懟焉似即謂此疏也此疏有似乎失意負氣故易于致疑原文甚長今節錄疑似之處于此

以上並見奏疏寵命類中

康熙十七年六月題為劉海必須蚤備舟師事侯官布衣高兆撰長樂福清展界圖記曰順治十八年焚水軍戰艦數千艘曰無資寇用甚失計也

十七年六月二十三日題為敬陳補救十事謹分十疏請乞勅部逐疏議覆行臣遵照按此十事疏即　国史館本傳所叙是也

十七年九月初一日題為海賊狂逞波濤蕩平斷須專師請查舊制復設水師提督蚤靖寇氛速清海甸事按此時猶未敢請以施琅為水師提督也

又題為海賊負水繁多用兵勦殺難盡特廣招撫條例宣布皇仁蚤奏蕩平事查前任督臣李口口善于勦撫并用官則給俸兵則給餉不論投誠文武一概題請降級實授如海澄公黃梧等九人俱各叨荷　殊恩當今之際臣欲倣其意

而行之然有為前督臣議所未及者臣謹參酌詳議招撫條例十款亦可謂無微不至及矣已經出示遍傳使海賊聞知近投誠者接踵而至所有例條例內十款給賞之數約非十餘萬兩不能完事然能照此例行之賊自聞風嚮化不難立奏蕩平但當 国用匱乏之已蒙 皇恩准給投誠之官俸兵粮矣臣等職任封疆義應破家捐給仰報 隆恩於萬一又豈可事事求籲必藉帑金也臣現在竭力措給并行合省官員勸輸共濟但十款內有止給銀兩者有應題請授官者除銀兩臣已捐給外其授官應請 勅部核覆施行按北平王源撰傳曰公善招撫開修來館以納降不惜金錢重賄多行反間以攜其黨不終歲將士降者二萬餘人公笑曰吾但以賊攻賊賊亡無日矣全氏第二碑曰所捐招撫金三四十萬○十款條例并出示告諭見後文告類中文繁不錄

紹興縣志採訪稿

十七年十月初八日題為飛報撫臣提師獨到漳城事竊照
海賊刘国軒等率二十八鎮進逼漳州荷
皇上洪福臣等血戰敗賊十催泉兵未到按血戰敗賊者即前月二十龍虎山之戰刘国軒遁回海澄連復長泰同安大路疏通公奏報有云海賊自二月登犯以來從未有此大創滅賊平海在此一戰當賊逼漳州時公以五次蠟丸調泉州兵不至今于本月及復二縣後又五次飛調進攻海澄廈门又不至
初八日巡撫臣吳興祚率兵到漳臣驚喜交集出城迎接馬首痛心私語臣等二人蒙　皇上之恩獨厚故報　國之心自應不同与臣見在商酌會勦海賊一切机宜另行具報所有撫臣提師到漳日期臣謹密疏題報云按此疏見二公同心相知之雅紹興府鄉賢志云吳祚以按察使擢巡撫同時姚啟聖以方伯晋總督兩人鄉里相得諸軍旅指畫應如桴鼓志又云吳祚世居州山隸漢軍鑲红旗康熙二十年擢兩廣總督二十八年降調三十一年授歸化城副都统又降調三十六年大軍征

囑尒丹命復還原職未幾卒
此公艱苦与共之友并識之
十七年十月十三日題為水師請設專員徵臣據分難兼謹
密疏控辭計圖萬全事按此時亦未敢以施琅為請也○又
按此事由与後文所叙不合似誤以
兩篇為一篇而此篇全文失落矣又据此
事由似當時亦嘗命公兼任水師提督者
康熙十八年六月題為滅賊舟師未集徵臣憂心如焚嘔心
謬陳末議仰佐平海机宜事竊今賊勢全漸衰必須厚集舟師
方能滅賊平海臣是以有備陳勦賊情形一疏又有特請飛
調江南新造鳥船一疏議論經年累月至今茫無頭緒臣中
夜徬徨五內俱裂日不能食夜不能眠嘔盡心血志切請纓
思平海之最要者有十四事謹分為十四疏其中多有不避
忌諱激切直陳者

第一本 題爲特請飛調江南新造赴楚鳥船至閩事

第二本 題爲請減大兵稍增緑旂每年節省銀錢粮一百萬事

第三本 題爲檢舉徼臣明知故忍上負 国恩懇賜處分以勵臣節併舉能臣蚤靖海氛事○蓋至是始明舉施琅堪爲水師提督也自請檢舉申明三次不敢舉施琅之故言甚切至

第四本 題爲欽領特敕救欽賜公侯總兵印信以昭特典散賊腹心事

第五本 題爲請敕海澄公黃芳泰速行遵 旨赴京事

第六本 題爲請調撥兵回浙另設經制額兵以省二十四萬之錢粮以得官兵之實用事

第七本 題爲請差專員捧賫 敕諭調取紅毛夾板以尊国体蚤奏蕩平事

第八本 題爲請撥協餉置辦軍器火葯給散投誠俸餉以資進勦免動兵餉事

第九本 題爲漳潮地接海艐賊兵衰延莫制仰祈敕議平南將軍賴兼理漳潮以專責成以收速効事

第十本 題爲請特恩先用投誠文武數十員以鼓嚮化事

第十一本不見

第十二本題請發西洋砲位以資攻擊事

第十三本題為海澄所屬之尖山建一海澄縣城草草結構名為城而寔為寨使小民知 本朝已另有海澄縣咸思蘇宗投誠不逐賊地易于招集云云

第十四本題為請蠲漳泉兩府百姓錢粮以解倒懸事○按此編入保甲卷中

康熙十九年四月題為投誠計久安不得不大破舊例事一為投誠候選官寄憑至閩此事最得投誠之心前臣疏請未荷 俞允一將投誠官兵發往外省屯墾此事最傷投誠之心應將本省界外田地給与屯墾今臣分兩疏請行于後云

十九年八月題為謹陳平海善後參酌往事之得失審察今事之應行臚列十事 部覆大兵宜行盡撤等二件另議外

第三事廈门金门急宜固守不可輕棄

第四事沿海内外要汛各須分守以壯廈门声勢

第五事請先勦粵寇莫使滋蔓再從

第六事臺湾斷須次第攻取永使海波不揚

第七事福建邊界急請開還使遷民復業并安插投誠官兵免費月餉

第八事新增緑旗官兵宜設法陸續漸撤不便一時並裁致生意外

第九事浙江調来之兵應請先行撤回

第十事投誠官兵衆多急請撥餉安插以弭後患○按第一事請撤大兵回京第二事不知何事原疏未見

康熙二十年十月十六日題為進勦事關重大微臣斷難坐視仰冀隆恩允臣所請遂臣初志早奏蕩平事本年十月十五日巳時准水師提臣施琅移到密題疏稿為臺湾進勦方

般等事內稱督撫二臣各有封疆之寄內地責任匪輕今二
臣矢志決行辭極意切非臣所能中止且未奉有督撫同征
之一旨等語臣聞之不禁中心如焚如溺而不能自已也臣
密探自工淡水至臺灣計程二十餘日惟此十月十一十二
月天晴水涸可以進兵臣等若攻克上淡水恩撫土番結陣
而進如能直抵臺灣則澎湖進兵易于取勝即不能而中途
遙應深入賊後亦可以寒賊之胆而壯我兵之威臣欲同撫
臣先二十餘日進兵淡水謹會同巡撫吳興祚合疏密題云
云按此為施琅與公立異壞功之始時吳撫軍亦將赴粵督新任公此志不得申
康熙二十一年三月二十九日題為見疏驚異特請殊恩始
終臣志事臣聞水師提臣施琅于本月初一日拜發清字密

疏將出師日期改定五月尚未見提臣原疏也甯海將軍以
事關重大令臣等齊集泉州公議本月十七日午時水師提
臣乃出疏稾與甯海將軍內有督臣生長北方雖有經緯全
才汪洋巨浪之中恐非所長令臣駐厦门居中節制等語臣
見之不禁驚異欲死臣雖生長北方然今出海數月安然無
恙不嘔不吐何以知臣出海竟無所長即今在海操演深見
老水師教演之法有必應遵行者亦有必須更改者叅今酌
古籌令萬全在臣亦自知覺有微長今以臣數年辦修軍料
之苦心數月出海操演之苦志一旦令臣回駐厦门此臣甯
願戰死于海而断不肯回厦门偷生者也伏祈　皇上憐臣
一片赤膽數載苦心准臣与提臣戮力同心勦滅海賊肝胆

塗地寔所甘心云云　按此施琅竟目中無人居然單銜奏改師期奏留厦门公志終不得伸故亦自

陳無功不欲与施同叨優叙見前寵命卷中

康熙二十二年正月十三日題為備陳閩省近日要務与撫

提諸臣同心体察條分縷晰共一十二疏伏祈　睿鑒俯賜

采擇勅部議覆施行

第一本題為嚴絶閩粤浙海三省接濟以制賊命事

第二本題為遴將挑船安頓上風擾賊洋畈耕種事

第三本題為設間用謀離其腹心事

第四本題為請裁無益之鎮營以資要地之實濟不致糜費錢粮事

第五本題為請禁耿逆投充舊棍不許復投駐防官兵害民事

第六本題為請定駐防官兵住房數目事

第七本題為請禁耿逆濫收濫搶之人今作逃人害民事

第八本題為請定固山大防禦章京各官与督撫相見儀注以肅觀瞻以安民命事

第九本題為請革漳高將鹽稅匀併十縣听民自晒自賣勒石永禁便民事

第十本題為漳泉之榷稅繁多私抽之害民寔甚伏請勒石永禁事

第十一本題為請加運司府佐兼銜以重職守專任事

第十二本題為福興漳泉四府沿海地方遭賊蹂躪寔甚凋敝已極乞沛皇仁赦免未完錢粮事○按此十二疏中第五第六第七第九至十二七篇並偏入保民巻中

以上並見奏疏勦海類中其中八篇見保民類今并綜錄于此

康熙十口年題為夫役為閩省第一大害謹定用夫則例特請天語禁飭以杜冒濫稍甦民困事

康熙十八年五月題爲懇憐難民流離詳請急救完聚事

康熙十九年九月題爲請照例設立駐防以節國帑并定兵民分居疆界以甦民困事

康熙二十年八月十五日題爲逃人貽害籲請嚴飭以甦民困事　謂旂下逃人也例不許夾責率多假冒其事極可笑

康熙二十一年四月初六（八）日題爲請還官兵借寓房屋捐修營房謹疏題明以安兵民事

二十一年七月初三日題爲耿逆兵眷回京圖屋現在空閒懇乞照舊發還以廣皇仁事

康熙二十二年五月二十四日題爲請禁閩省見年大當數百年之積弊以除閩省殘黎世世子孫之大害事　末云抑臣更有請者

現年里長大當雜派之害閩亦不獨閩省一處爲然而天下事之須徹底澄清去惡務盡者又不獨現年里長大當一事爲然也臣以邊海外吏焉敢妄言天下国家之大但有迫于中不能自已○又十九年八月引疾疏云臣雖于治国平天下之道未能通曉然一得遂瞻　天仰聖之衷怀二得盡條對時事之得失臣之願也覌此二疏之言知公之抱負甚大未竟其用而竟以兩次背疽賫志以殁殁而猶視也悲夫

二十二年八月十七日題爲因時制宜爲久安長治之策事

臣年既老病復更多修船練兵寔無暇刻今幸統師出海乘舟中一刻之暇抒芻蕘一得之愚謹將閩省情形与閩省相連之外之情形有難緘默者謹條晰八事伏乞　睿鑒俯賜采擇施行

第一本題爲特請　皇仁大沛立復廣東浙江江南山東北直五省遷界以利民生事

第二本題爲　皇恩大沛速開福建廣東浙江江南山東北直六省海禁事

第三本　題爲風俗奢華日競人心偷薄無窮特請皇仁䝉行節儉以挽回風俗人心事

第四本　題爲請裁閩省文武之員以甦民生困以遵節省事

第五本　題爲閩省緑旗兵丁請宜少裁以資汛防以安長治事○按此編入劉海峯卷中

第六本　題爲請還緑旗官兵久佔民房事

第七本　題爲輿圖既廣難狹賊巢既得難棄請立洪遠規模以杜亂萌以光萬代事○按此編入勤海卷中

第八本　題爲閩民困苦已極海島新經蕩平仰祈聖慈軫念赦免未完錢粮事○按第七本云數年來選將練兵用謀發間備極苦心殆無虛日臣去年九十等月患背疽將危時妻妾子女毫無念及惟以不得臺灣上報朝廷死不瞑目爲恨今澎湖攻克海賊請撫經臣題明隨准部咨令臣或赴金廈或赴澎湖與提臣施琅商酌而行臣遵于八月十三日親統舟師出海前往安定臺灣題明在案是夜三更時候舟中接勅諭一道到臣准其輸誠又准兵部容咨內開若海賊誠意投降令薙髮登岸作何安插及臺灣或守或棄之處奏聞等因容臣親赴臺灣澎湖與提臣施琅會商調度另疏題報云云是公寔奉旨赴臺灣

与施琅商辦善後見于奏報矣而全氏第二碑云荷蘭一片土夙夜魂魄所經營既以牛酒夾道望見元老顏色而未得一復其地以觀鮚埼之同風豈全氏知公寔未復其地乎又攷文告類中有是年八月廿一爲特宣　皇仁並諮訪臺灣耆老士庶利弊以除從前苛政示亦是初到臺灣所行之政令豈全氏皆未之見歟所言不免傳訛失寔歟

以上並見奏疏保民類中其中二篇别見勦海卷中今并綜録于此

謹按自來大經濟大作用關係國計民生者往往多見于條陳條陳者彙聚一時之利病貫注平日之心力非如一二小事可比也　國史列傳惟載補救十事而其後所上平海最要机宜十四事安插投誠官兵二事平海善後十策近日要務十二疏因時制宜八疏皆具大識見大學問

原文甚長今但録其事目以見大凡攷康熙二十年五六月間尚有條陳不知若干事今僅存第三本准沿海居民小船採捕之事見第五卷二十七葉編入二十一年九月中非也餘皆不見條陳之外有大事與諸家傳記相證明者及與家譜相維繫者亦并節録如右此奏疏雖編三類六卷而遺漏尚多毛氏神道碑云公以勞瘁疾發不治草遺疏而卒今遺摺亦不見是一大缺典

憂畏軒文告四卷

卷一六十道凡九十四葉

卷二五十八道凡八十八葉

卷三五十九道凡九十葉

卷四五十七道凡九十五葉

康熙二十一年九月為痛哭流涕指天畫地苦勸文武各官萬萬不可再害極苦百姓事照得本部院督師漳南三載兩番出海又已一年今復整頓舟師屯指四載一心全在用兵民瘼多有遺失窮簷疾苦多未能除大小分汎武官派穀派草派猪雞役夫柴炭油燭以及私抽等項利悉錙銖剝剝已極文官重取火耗外加私派一舉一動盡出剝里長甚至知縣奶奶粗紙生子滿月雞蛋盡出里長其他可知實難枚舉文武各官所食所用無一件不出百姓脂膏官日肥而民日瘦欲求百姓免苦楚仳離安可得也此皆姚某某之大罪也又曰我今細思想四載總督不能為百姓去害除弊我即生不

若死所以在病重昏瞶中愈以不得為民除害為恨今与尔文武各官約如我收尔等饋遺暮金代儀幣帛綵緞以及壽燭果品小菜各物一分一厘者姚某〻即當男為盜女為娼死于千刀萬箭之下文武各官如不洗滌肺腸改作清官愛民如子仍前敗檢害民者我若听情面不參不殺者姚某〻亦當男為盜女為娼死于千刀萬箭之下某〻日望文武遷善改過使民害去利與無忝文武各官利慾薰心死不肯改所以某〻不得不作此大声疾呼也血誓已立斷無瞻徇斷不寬假云云

康熙二十二年四月二十五日為窮黎困苦如故奉行日久懈弛特再申指天畫地之令萬勿萌害民嘗試之心事照得

各省亂少治多民苦有時休息惟我閩省數十年海賊不絶
加以藩兵靖逆繼以大兵雲屯計我閩民四五十年來未嘗
一刻安枕言之真可酸鼻故閩民之苦甲于天下自非二十
年生聚教訓不能爲功非旦夕小恩小惠可以起瘡痍登衽
席也今章自海還省　撫部院董　雅有同心本部院不于
此時下手徹底與革更待何時故于去年八九月間痛患背
疽之時將通省大小利弊細心講求悉力舉行又恐文武不
肯真實奉行復循痛哭流涕指天畫地告示牌文疾呼申飭
八閱月以來文武各官亦稍覺斂戢矣但恐爲日已久畏懼
心弛如潭泉之大當火耗大爲民害現在密訪參拏外惟畏
恐通省文武將害民之事嘶爲小試行道之端看本部院禁

与不禁又看本部院為官還是以真心為百姓還是以百姓沽名譽種〻覬覦漸不可長防微杜漸不得不嚴夫以百姓沽名譽者名得而止寔心為百姓者百年如一日本部院一片真寔為民之心上可以矢天日泣鬼神下可以處屋漏對妻子此身可死此心不可死此頭可断此志不可改也

二十二年六月十三日為曉諭事照得本部院督閩五載雖八閩利獘時切於怀而天下大計亦每作書空咄〻想在當今所必應行舉行者如還四省之界開五省之海寬逃人之功令還兵佔之民房加俸禄以勵廉恥重誅戮以儆其奇貪変通漕運之艱難力行北方之水利請　皇上躬行節儉以挽回風化人心諸大事本部院每欲抗疏力言而海賊通誅

用是逡巡是蓋造營房還民佔屋迺本部院之素心非獨于
泉州兵丁獨有苛求也如他省之民房本部院可以抗疏即
別府之兵佔住本部院可以力主惟泉房則屬提標兵住也
自應以　提臺為政一言之下本部院不難捐俸立辦況
提督萬愛兵愛民口碑載道近年來又与本部院水乳之合
更有同心諒　提督自肯開恩相助諸士民何必皇皇迺众
也為此示仰泉州士民人等知悉本部院前已捐銀二千一
百五十兩今又捐銀一千三百三十一兩并發泉州府庫為
蓋造兵房之用即再費數千金本部院窮漢氣大自當一力
担承誓必蓋完五千兵房与民安息而後已但應俟　提臺
廈门回日共成好事众民不必亟亟從事所有士民具呈六

百七十三張已經收閱矣特示按此為泉州士民六百七十三款之呈批也公之豪舉不
僅于此此特舉其一隅耳首言吳舉名事如加俸祿後雍正
朝始有養廉名目變通漕運則道光朝陶文毅澍奏改海運
矣北方水利自怡賢親王以下諸公經營不止一次皆以本
重糜帑而罷餘皆見于題奏施行
二十二年八月初三日 為曉諭事照得爾等毒害生灵本部
院早有澄清臺志因力短才疏未遂厥懷荷提督施 大月
渡海成此大功為 朝廷建不世之勲為桑梓造無窮之福
按施琅福建泉州府晋江縣人為本部院了數年未了之心事本部院清夜
向心方深感激又焉忍爭功爭撫貽笑千古也昨与 撫部
院會委差官至臺灣者原不過查驗爾等請降之虛實並未
令其賫印同行也今據東稟殊為詫異合行出示曉諭為此
曉諭臺灣偽官兵人等知悉所有偽印册籍等項俱應盡解

提督施軍前侯稿會　題力保自當爲尔等曲計萬全本
部院与提督均係封疆大臣無分彼此自示之後萬〻不必
存異同之見使尔等以本部院爲無讓善遜美之心爲也按此文可以見公退讓之心矣
二十二年十月初十日爲救正頹俗急須力行事有曰本部
院身爲總督体無鮮衣口無美味一家四百口每日止買肉
六斤本部院与妻妾子女并教子先生俱吃此六斤肉而已
每日家人自唐買荳腐三盤分食醋醬等物皆係自做一日買
辦只許在一兩之内不許出一兩之外所買者不過清菜蔥
韭買辦簿可查逢五逢十殺猪一口請各官待飯一頓昻勵
清廉禁兵變民一家布素蔬淡如也夫以本部院一身一家

自奉者如此則所屬文武士民可以知本部院之心所必行而力所必盡又法所必嚴而不肯稍為寬假一分者可知矣但望文武官民大家共敦儉朴共做一良子弟妻妾好婢僕家人共享熙皞以樂昇平

謹按文告自康熙十七年六月初二升任總督起至二十二年十月廿九止皆關心民瘼之言與奏疏相表裏今節録五篇第一第二篇為整飭官方之極則第三篇為体恤民隱之極思第四篇則犯而不校和衷共濟之本意第五篇則儉以治家現身説法之忠告其事其文皆足以補譜系傳記之未及奏疏之首本各具事由文告亦然此即其目也編書者乃于篇首又各標以目而所標之目亦有似是而非者殊為瘤

贅全氏第二碑曰今知膠州述祖于予為同年生方銓次公
奏疏文移為平海錄如干卷則乾隆時別有善本今不見

賦一卷凡一十二篇二十七葉

閩閩縣舉人陳定国序曰定国自吳航遷界後讀書河上意謂
回天力非異人莫任　皇帝二十年春我制府姚公四疏懇復
獲俞旨海濱林總咸騤騤予有更生之望矣定国自喜甚復
為鄉邦喜且為公喜也爰為賦曰往者　廷議遷徙海濱絕彼
刬椋禁我梁津命祝融以延燒屏海若而不臣在朝家罷戰休
兵棄一隅不見其損在下里為播遷流徙去故里無以為生又
曰曾不接踵而富者已貧貧者已困幾謂天听之難通二十年
來而壯或未老老或未死究竟河清之可俟又曰惟是公福民

不止此此為億萬姓回生而肉骨民感公不止此此為數百年
思棠而食德
長樂貢生林謙光賦曰邈元勳之赵家吳吳兮胄出皇虞迨唐
鳳閣舍人梁公秉鈞開元兮相業与宋廣平齊驅又曰兵氣銷
為日月光兮振旅凱旋　天家無南顧之虞不讓大樹將軍務
平定安集曹武惠下江南躲裝惟載圖書何如裴晉公搶元濟
兮碑立淮西而勲名檍韓魏公平元昊兮胆寒西夏而声教敷
右賦除陳林二家外又有侯官生員林錫袞甯德生員陳定
国晋江擧人陳方升監生周澎生員陳方爵長汀擧人黎文
遠連城擧人賴超秀福清生員陳日行延平鄉紳羅圻彥生
員甘賢羆凡一十二家今節録二家句如右

騷一卷凡三十二首八葉○原目在第四類四言詩之下今移列于此又原目作騷体今節去体字

興化子民二十三首不著撰人各注篇目曰二疏請復界外土田曰贖閩浙粤三省難民子女汀州永定縣事也詳見奏疏保民賴康熙十八年五月題為懇憐難民流離請急救完聚事曰禁饋遺曰傾產招撫曰捐資養兵士曰復十九寨海澄金廈兩島曰設站運米協濟官軍曰兩止八旂駐莆郡曰定夫額曰請撤八旗曰八旗班師發鏹辦夫船曰特疏減安塘裁塘馬曰飭清驛站曰捐給牛種安插投誠開墾曰听灶民自晒食盐辦課曰內澳准民採捕曰禁喂牧餽遺羊豕虛價買糶豆穀曰捐貲給福興被災之家曰捐俸賑興泉飢曰捐貲造營房曰禁革行戶曰申飭文武衙司崇儒重士曰捐金購田学官養士

右騷除此一家二十三首外尚有侯官生員葉正瀚六首長樂監生陳桂卿武陳鉽漳州舉人陳天祚各一首綜凡五家三十二首今節錄有篇目者如右

樂府一卷凡四十三首二十九葉○原目作五十首非也又原目列第二類賦之次今移于此

甯德生員陳平國序畧曰平國不揣固陋拜撰鼓吹鐃歌十二章雖不足續貂繆襲亦庶幾劍首之一吷云

第一曲公南征言公受　命贊南征也

第二曲入閩閩言　王師入閩無留難也

第三曲定南閩言　王師入省肆赦也

第四曲克龍江言南征渡烏龍江首破遺孽也

第五曲臨漳城言公經畧全閩臨漳對壘而孽胄遁也

紹興縣志采訪稿

第六曲破金厦言公乘勝直擣金门厦门也

第七曲遯臺灣言公威所震孽遁遯臺灣也

第八曲海波平言孽遁遯而海波永平也

第九曲復邊界言公三疏為民請命得復故土也

第十曲育英才言公捐俸置田為国養賢也

第十一曲烏雀南飛言公為民請命得棲故庐也

第十二曲泰交言　帝任公上下交泰而治道成也按序言續貂繆襲者曹魏時繆依漢樂府造鐃歌鼓吹曲十二章同時吴韋昭亦有是製見宋書晉書樂志此小序皆效其体

莆田舉人彭鵬序曰國頌昔復土田贖仳傴德在功先也述頌首勸廉廉者立德立功之原也公勸廉亟矣若曰予大臣精白一心自瓜果酒脯概謝绝指天畫地凜若冰霜百年君子敬而

听之治安可坐致也鵬賦述頌擬古十九篇篇各小序按此言闽頌首復土田者即謂後頌類第一篇陳日浴所撰是也觀于此言似彙編緣起始于頌其後諸体競出彙而編次之仍以闽頌名書故

制府督闽四載矣不受文武饋遺矣大法小廉宜視此觀示諭者引領澄清作絕饋遺行

復界四疏重請命也往外海設防使寇不得犯民乃安作復界行

仳離傷乱也瑣兮尾兮贖以金骨肉生還浙人粵人闽人不以數又下所司流落不歸者造名彙册給資貫言旋作贖仳離行

招山海歸誠設館內間外諜猜疑使解体老謀未易惻也家散萬金酹死士世所知者止此作撫山海行

舊制督標三營額兵二千五百嗣添五營額兵五千公題請外自名募照營制設立將備官如所請皆自捐餉是時寇偪漳城公會將軍身督戰獨當一面作劉寇行按補救十事疏云臣任藩司時已自餉兵一千一百員名韓大任投誠兵二千二百員名合標兵五千名寔有勁兵八千二百名於以勦賊不難矣此勦寇行即龍虎山大捷也

叛者誘寇入踞金廈兩島突犯海澄城三面環海寇掘塹通潮一面斷救援守者提督段公與滿師靖節死于城玉洲石碼等十九寨咸寇踞公會師克復與諸將士約曰凡誘寇者罪不在氏毋殺毋掠世所知者久止此作復海澄金廈行

鍘草飼馬也勞人草々亦孔之哀公疏請禁之作鍘草行類篇鍘槎轄切音札斷草刀也廣韻作鍘

漳地湫隘無一日之積今益以十萬師公令只供三郡本色歲得米三百萬斛軍民得食此措餉救時之大計也作三郡協漳行按三郡謂泉州汀州延平也

八旗西秋駐莆力止乃免莆陽彈丸耳牧馬非其地也維桑與梓必恭敬止作西止牧馬行

閩民之力猷如東野子之馬也竭矣策之不已馬必蹶亦定用夫額數大軫恤也作從征行

征不自閩始浙如東甌如栝蒼如四明三衢皆征也入閩凡四年亂平撤回旂兵民胥慶作班師行

班師夫船禁戢延郡汀濫派協浦城是役也省諸郡役夫數萬人金錢數萬緡作發鏹協浦行

安塘非古也兵興始設減塘裁馬与民休息作裁塘馬行
安插投誠官墾荒海壖或謂是兵屯法恐非知公意者蓋恒産
恒心之謂作安插墾田行
清驛站革贍夫贍夫即民夫也蒲陽驛額銀每月一百八兩無
大兵大役催是以應作清驛站行
興郡上里場餘鹽听灶户貿易餬口其後餘鹽又有稅立法屢
密然皆未嘗隸之商也去商便民作革攬商行
興泉大飢捐賑是年不雨而災同時作賑飢行
公督師漳南三載凱旋士民遮道以兵借民房二十年請給復
遂捐俸建營房又福興火災捐俸助民蓋屋作復故巢行
購學田充府州縣學宫海内知公之能詰兵而不知公之善養

士也作養士行按養士行云閩人知學何所受寧相常公教為首正風易俗推歐陽始與中州相比偶又云自今待士一以禮風示健兒莫敢侮念尔北門人終宴學田以外捐膏火多士觀所在圜橋勉為鴻鵠莫為鴳席上懷珍我之鼎丈夫貧賤志凌霄伊誰樂育同常袞拔時宰相閩元姚按常袞長安人唐德宗建中時以故相為福建觀察使為立鄉校由是閩人始嚮學歐陽詹晉江人官至國子四門助教詹初為常袞所識拔後與韓文公諸人同登進士時謂之龍虎榜而閩人舉進士自詹始

晉江舉人陳遷鶴撰三首其目曰戰城南曰種麥行曰閩路難

延平生員余祖訓撰四首其目曰征馬嘶曰桃李枝曰陌上花曰閩山月

右樂府除此四家三十八首外尚有侯官貢生張霍侯選許遇甯德生員崔聯雲甯化巫近斗建甯魏紹軾五家各一首綜凡九家四十三首今節錄四家有叙目者如右按侯選之下皆不具

官名是編通例皆如此

歌一卷凡四十首三十六葉○原目列第八類七言古風之次今移列于此

說鈴述異記尤艮齋雜記曰前明崇禎庚辰年間按庚辰崇禎十三年也閩人陳衍嘗著一書中載一則云鷺門僧貫一以請經過福州言去夏晏坐籬外小陂陀有光連三夕發之得古甎背印兩圓花冥起面刻隸字四行文曰草雞夜鳴長耳大尾干頭銜鼠拍水而起殺人如麻血成海水生女滅雞十億相倚起年滅年六甲更始庚小熙皞太平八紀一云丁庚小貫一熙無皞字覺有異默識其文投磚海中予按此讖草雞長耳大尾合成鄭字謂芝龍也干頭銜鼠甲子叛以甲子亡故云六甲更始生女十億合成姚字按十億謂之兆謂啟聖滅臺灣也庚小熙皞太

平八紀爲　今上紀元萬壽無疆之兆可謂驗矣按此文在閩頌彙編之外者以此一卷之歌大都皆爲鷺門磚讖驗而作故先著其緣起如此○說鈴叢書名述異記說鈴中之一書尤艮齋襍記又述異記所引之一事

閩縣鄉紳八十三翁郁伯蔭序畧曰伯蔭生長海濱自明季相傳有神磚出鷺門隸書隱文廣州郡丞陳磐生載其事于大江集中至今始知公之姓氏与海逆起滅之期蚤兆文中歷歷不爽　興朝一統厤數徵符氣運先關非偶然也因作歌紀異且欣頌太平云

古今治亂常相倚數窮六十應復始憶予生當全盛日真人已從東溟起維時我友陳郡丞憂天太息似賈生每云無諸城上蜑旂動又見於越山中長庚明不應海宇晏無事轉使吾言驗

甲兵天意奪茫難測識竹屋欣逢海外僧忽傳神光浮片瓦惟恍
如綠字負龍馬摩娑猶認漢時書亂頭雞耳詞譏啞知君博物
比張華悔未䌷繹質大雅郡丞默記重歎嗟已知名世待王者
未幾・六師定區宇郡丞裹革殉合浦此事悠悠世不聞白頭
老人時記睹又云捷書飛奏 未央宮口同陽夏不言功任他
拔劍狂砍地圖讖分明屬我公君不見吳童齊唱水中龍龍驤
一入吳宮空又不見緋衣兒來自東相公節度淮西通戡亂扶
危閔氣數渾耶怨耶紛莫庸走夫少負敢通癖頗疑讖文無史
筆扶杖及覩海島清生女滅雞符十億始信古來成大功咸出
天意非人力 按全氏第二碑有曰說今將七十年閩人語及公莫不太息以為功之未酧不以靖海為里人而右
之也則亦可以見公論之有在矣今讀此翁此歌及後來諸家
言于是乎益信拔劍砍地事與八閩童謠言槊戈相犯忍氣吞

声相應見前傳記類中

侯官鄉耆九三歲何森歌老人善記舊時事況復異哀身歷試六十年前我三十傳聞海賊心驚悸又云臺灣島上降旛起鹿耳门前輿櫬焚始信磚文至此驗太平天子是吾君女耶十億離合倚令公分明符記裏老人聞公甲子生新年 龍飛又甲子生鄭煽亂即生公圖緯巧運興滅理笑我老人九十三昨夜不眠仰屈指半生離亂今太平看公傳雖斷雖尾

興化鄉紳楊夢鯉歌憶昔賊起在明季明末將相真失計惟有憂時陳郡丞槿上著書恒撫膺郡丞博物同王粲廉州忠節比張巡余昔過向子雲字耽奇嗜古多幽秘老僧来說鷺门磚曾共睹聞深詫異當時草野猶忌諱今日方識藏天意

闽縣鄉紳鄭宗圭歌淮西平日愬度寔督戎行定論鍊韓記功昭唐廟堂古今事不異讖數早徵祥龍溪舉人郭鴻漸歌理亂由來有定數童謠圖讖非無故末捡元濟闘緋衣事定方知裴相度今日臺灣得蕩平山僧早有隸磚遇妖雞蝸擾許多年遠在三吴近秋鷺時子芥羽時金距飛入城中飽其嗉更有雞雛与雞孫喚友呼羣塞闽路翰音幾乎登于天試問何人能往捕誰意碧翁早翁留心預生禹穴大都護乃文乃武張留侯驅策轅门悉英布乘風破浪傳妖雞宛然當時用李愬又海鹽貢生李基益云愬功雪襲邁古通偲仗精誠有晋公披裴晋公用李愬雪夜入蔡捡吴元濟事全氏第二碑篇首論之詳矣

右卷首標目曰隸磚歌除郎氏何氏二老外又有長樂鄉紳

八十五翁程應長鄉賓八十一翁刘寵八十翁刘廷遴福清鄉紳八十一翁林日光此六家者皆前明遺老年長于公率二三十歲感怀往事歌咏昇平情發于中不能自已洵嘉話也此卷凡四十家皆作于康熙二十二年六七月平臺之後其中佳句美不勝收茲節録六家言如右

謠一卷 凡七十九首十五葉○原目録在第五類騷体之次今移列于此

閩縣鄉紳林堪五首其目曰我公仁我公智我公清〔勇〕我公清我公明

閩縣候選陳嘉宜十首曰淯〔清〕海寇曰省夫徭曰減遞馬曰贖婦女曰還民屋曰復遷界曰禁旗餘 其謠曰禁旗來海氛閙曰禁禁旗旗旋履夜眠

苞苴曰置學田曰開河

紹興縣志採訪稿

又四首云海之常海之變海之~~展~~遷海之展
又四首云海重遷海蕩平海全復海永甯
長樂舉人黃天箕五首曰農夫謠估客謠百工謠黃冠謠山僧
謠
長樂貢生陳耀乏序曰長樂名勝江田為最遷界二十載鞠為
榛莽公四疏展復民反其業居地蒙庥皆公賜也即景成詠以
志不諼其一曰喜復鯀兮雲母磯二曰喜復鯀兮靈峯陀三曰
喜復鯀兮七星窩四曰喜復鯀兮德星坡
八閩童謠十一首不著撰人曰公真儉公真勞公真苦公真愁
公真窮公真瘦公真病公真歎公真蓋公真怪末一章曰公可
憐

右謠除此五家四十三首外又有吳化民謠二十一首福州羽士盧世培等十六人四首福寧子氏魏顯富等五人四首漳州陳天達長樂訓導陳志友各一首綜凡九家七十四首原目称七十九首者未詳也其八閩童謠十一首各具事蹟爲諸家傳記所未及詳今与卷首之痛哭記並録入先代傳記卷中

頌一卷凡二十四首十四葉〇原目作一十三首非也又原目列第十八類序之次今移列于此

侯官諸生陳日浴頌序畧曰公始膺節鉞來督閩師未三旬解泉州心腹之圍而東南始通声息詎判年奪海澄咽喉之險而肘腋乃適鯨鯢守要衢則沿海十六城一朝復隸鈐轄收棄地則下游數千里指日盡正版圖觀大綱率先修舉知善政以次

推行灼于報国既遑恤于我躬急于利人又安防夫多口特杜請託之書不奪權近之指又曰往當行部之時案牘若山輒就車前而判决昔在治軍之日檄書如雨每臨馬首以成章手不停批筆無加點朱太守何能詑為敏袁參軍安足炫其長此固君子之餘能亦見大人之修業故語德功言已並隆于天壤論才學識何多讓乎古人又曰昔楊執戟致贊營平班蘭臺獻頌車騎況日浴身被仁風而心切輿人者乎敢頌曰云云按此君似當日嘗為入幕之賓

泉州生員蔣敏生頌序曰公豐功偉績卓卓可紀是宜勒諸金石以傳永久生草茅下士僭歌頌十章聊備采風冀獻當也按寔有十一章

邵武生員陳銑頌十章無序

閩縣諸生卞鏊頌序曰遷長樂福清士民復界圖成因爲之頌

按此爲復界圖而作其序反覆言遷界復界圖事設爲問答文甚辨

閩侯耆民保約胡伯祚等六十五人頌序有曰不圖今日復見太平也欲伐石樹勳垂之峴首公謙讓未遑卻之者再然而感于心者不能遏之口也謹撮其大畧而作頌云

右頌凡五家

贊一卷 凡十首三葉○原目作十一首非也又原目在第十九類頌之次今移爲第七類

福州子民贊序曰正統間都憲陳敏信公鎰巡撫陝西有異政陝人刻其像比戶祀之我公再造閩中勳勞功德百倍敏信閩人無以崇報敬彷其事薰沐梓圖傳父兄子弟尊供堂壑朝夕

環拜用祝公福優升恒永庇斯民系以贊曰云云按此是木刻圖像贊

福清生員何梅長樂福清復界圖贊八首按此即卷首展界圖贊

建甯貢生陳大儀贊一首按此亦像贊之一息園公自題天山踏雪圖其体裁与此畧同

右贊凡三家

詩四言一卷凡八十一首十九葉○原目在第三類樂府之次今移列于此

晋江生員吳方皋詩序晋馬隆定雍土藩屏一百二重闗宋富弼賑青州全活五十萬生齒於今為烈視昔有光買犢賣刀之化遷我樂郊投戈講藝之風穀众士女煥彼新猷宏兹謠禱凡四章首章章四十二句二章章四十句三章章二十五句四章章二十八句

長樂侯遷陳騮詩公之在閩威德難道復界一事尤同蒼昊億

萬生灵皆公再造善後之策壐公怀抱
福清鄉紳林日光詩於鑠 王師凤祿桓赳亹亹姚公梁國之
後蠢尒鮑鯨敢怀蹦跳薄言伐之權枯拉朽
右詩四言卷首缺二葉不知幾家今可見者自長樂陳騮至
建甯生員郭樹敏凡十九家七十一首則所佚殺者十首而
已今節録吴氏序目及二家詩句如右
詩五古一卷凡七十首四十六葉○原目作五言古風在第六類謠之次今改題移列于此
侯官貢生曾祥發詩苟以利于國不顧便身家多忤權貴意嚴
杜請託書
福州生員陳作楫詩家世本會稽芑蘿皆傑出薊北號空群文
章名第一（又）憶昔元之相徽公疇能匹晉安都人士銜恩靡殫

述

陶縣儒士施趑文百韻詩聰明不自炫往往參羣議數政悉以平与人純愷摯固高出民物望厚承乾坤畀允文亦允武不求亦不忮

福清生員何梅詩自陶變亂後長吏或未循公下令戒貪貪者忽變清公下令戒虐虐者忽變仁曩者歌碩鼠今茲慶鳳鳴公曰民失教吾情猶未伸惡者民之蠧殺之使民甯士者民之倡育之使民興修學庇其業置田恤其貧月朔課文行品題咸愜心文翁不足言常相与齊名 按文告第三卷有康熙二十一年十二月二十四日為參解月題課題目大則末云本部院久疎筆墨焉敢言文又焉敢言題因閱文而思偶有見于此不敢不表而出之至于文中筆法高古机神源暢詞調風雅本部院又當拔置優列不拘拘于常格已也

按此詩言品題愜心者殆即謂此事也

右五古　自侯官鄉紳楊日升至蘇化貢生羅甫先凡六十四家又補遺自永福生員謝道南至長泰貢生林士欽凡六家綜七十家家各一首今節錄四家句如右

詩七古一卷　凡一百七首八十八葉○原目作一百十七首非也

侯官鄉紳謝天樞詩千旄盧已下儒紳屢詢疾苦下及斯民甫風頡使解印綬坦怀每怨漬車茵村村濁酒甫秋社中丞躍出青驄馬賤賜錢父老萬人擠白棒橫街嗔莫打　按此亦似公之逸事

閩縣鄉紳鄭宗圭詩千載大名崇與樞克兼吏羨功勳殊沖賢雅度迴誰適張蒼彥博毫能劬　姚樞平州柳城人有王佐才元世祖召至內修外攘之政咸妥任焉累官至翰林學士承旨卒謚文獻子燁至平章政事元史有傳

閩縣鄉紳陳丹晝詩鋤強戢暴古埋輪振弱扶良厘宿獘郭相

裴公勳業與傳元之大業寔堪擬

侯官舉人曾孫瀾詩自昔英雄匡濟難如公經畫勢倍艱神謀默運絕旁撓機權百變須臾間觀公調劑識公心千迴百折生波瀾 按此知當時旁撓者不少畧見奏疏卷中

閩縣舉人陳定國詩論功競取萬户侯從容大樹竟無求只向蔀廬問艱苦歎掌賢勞豈自謀

侯官監生高楷詩君不見元之應變特封梁司馬宏猷今援武

侯官生員林奇玉詩公餘大獄詳披閱一念祥刑益照徹犴狴任教春草芊鳥入訟庭窺判牒手書口荅竟忘疲何羨當年列穆之 按列穆之宋書南史並有傳宋武佐命五官並用者也

侯官布衣高兆詩奇勳蓋代古雖少而濟由來事不小令公生

秉位育資瘁力勞心施再造銘功紀績在太常書姓圖形自廊
廟野夫文筆負廉恥半生不識諛官美力疾百起為公歌留此
采風收信史古來謠頌多華滋此歌真實無繁詞令公令公世
須知吾看李郭終凡姿按高氏當時國中一大作家其所撰復界圖記盡力發揮入情入理此其詩之卒章也

福甯舉人王賡詩昔有硤石姚元之應變善成天下功又有浙
水姚大章表裡相稱大臣風我公保障著國天偉績殊勳相後
先姚夔字大章桐廬人明正統進士歷官吏部尚書立朝三十餘年憂國恫民恒存念慮論者謂可屬大事如周勃善應變成務如姚崇非過譽也卒謚文敏明史有傳

福甯鄉者張可斌詩君不見元之三相唐玄宗一筆成章十事
飭又不見廉隨高祖定京師仁者之勇安邦國公家歷代著賢

能此日頌公名無得 按此言廉者即京兆萬年派思廉也

晋江貢生富中璜詩唐室救時賢相姚開元偉績冠群僚福星重照牛女野經文緯武有餘饒

龍溪生員林茂梓詩君不見有唐救時相裁決須臾萬事理今日閩南喉舌声載歌載舞頌盈耳春生秋肅何其舒海屿山陬格且恥式武式文教育深轉邪歸正湻風起

長汀生員周之達詩左相元之真國榦麗〻譽飾畫勝算義旗直渡仙霞関弔代救民出塗炭

歸化舉人蕭震翰詩維獄鍾英姓氏香詒謀梁国發其詳二酉五車胸畫藏瞻彼千頃度汪〻

右七古自謝氏天樞至蕭氏震翰凡一百二家又補遺自福

州舉人林焕至古田生員蘇昊凡五家綜一百七家今節録
其事十四家句如右高布衣末後一段足以見當日人心之
嚮往焉
詩五律一卷凡一百七十九首三十五葉○原目作五言近体在第九類歌之次今与詩四五七言相類從移列于此
閩縣舉人戴相任詩只爲斯民慮時煩報國身艱難成至治指
晝異前人
閩縣生員張登瀛詩報国一心赤憂民兩鬢霜
侯官生員林魁登詩救時家相譜報国老臣身
閩縣鄉耆陳瑞奇詩惠政疊〻著謳歌處〻听徧詆非猷訣一
曲表心銘
長樂監生陳道瀚詩矢心惟許國盡瘁久忘身

長樂生員朱靜詩元崇應捿武懋績畫麒麟
連江生員鄭麗詩存心急撫恤軫念切痌瘝爲國身家破良時涕淚殷
連江生員刘特詩投錢江上水退食國中蔬共識爲民瘦蕭﹅雨鬢踈㨗投錢事見後曲類退食事見前文告類末
連江生員游翺詩公餘惟接士下馬即臨文不问囊如水從看客似雲
福甯生員吴天爵詩奏賦冠巍科家傳相譜多老臣思報國滄海靜無波
莆田生員常澍詩但存百姓念長謝故人私漢代尊廉節惟公与古期

莆田儒士常大行詩誰云皆力戰自是出奇謀為國私傾產論功代請侯按代請侯事見前奏疏寵命類中末

龍溪鄉紳鄭之惠詩何似救時相長稱應變才

長泰生員蔡光澤詩宣勞臣所職誰得若吾公萬髮三年白孤衷四海空

延平舉人凌之鵬詩七載甯辭瘁一心祇覺真

福州侯選鄭秉官詩相業家声重閩邦有口碑

右五律自侯官鄉紳黄彩玉上杭生員郭化鸾凡一百三十九家又補遺自福州舉人林焕至莆田生員林芸生五家綜一百四十四家家或一二首至十首不一今節録一十六家句如右

詩七律上一卷 凡四百五十一首九十九葉

詩七律中一卷 凡四百九十首一百六葉

詩七律下一卷 凡一百五十三首三十四葉

侯官鄉紳林遜詩欲頌淮西誰班筆功繇晉国有韓碑

侯官鄉紳徐元登詩論道系分唐相國將兵令肅漢嫖姚（又）幕府横吹朱鷺曲歌声蚤已遍漁樵 按此聯指陳氏平国所模鼓吹鐃歌十二章也見前樂府類

侯官鄉紳王錫命詩海天歌頌徹青霄譜出開元宰相姚第一科名雄冀北無雙國士擅熙朝

福州鄉紳列令詩稽古帝先高柱代開來元相裔再來清

閩縣教諭林竹詩稱觴每到登高後萬井通歌五十絃

侯官舉人周上遴詩淮西功自隸裴度淝水書應奏謝安

閩縣舉人周綱詩擎天賴有元之任秉節從知希得賢按姚希得字逢源潼川人宋嘉定進士累官參知政事忠貞清儉好引用善類屢抗疏直言卒贈少保

閩縣貢生朱郯詩家声早見紹唐相儒將重看出越濱

閩縣監生潘璧詩功垂竹帛紹梁國應卜台垣賴秉衡

福州生員鄭焱詩救時偉畧邁元崇嗣續家声更有公

侯官生員何菁詩疏草有書皆痛哭窮簷無地不陽春勳名遠

接姚文獻鎖鑰于今寄七閩按文獻沿史文之誤

福州生員林震詩政事始終存百疏戰功推讓駕前賢心勞家

破门如水贏得輿人誦幾篇

閩縣生員程濂詩瀛洲學士宗勳在鳳閣梁公厥後昌

鼓山釋法新詩道泰已忘榮世貴官閒復喜向禪工深山已得

承恩及娩美張蘇今再逢 按此亦公之軼事

華林釋明心詩須識名公行異政胸襟不与世人同

支提釋寂定詩為国如公今幾得清風千古播謠編

妙峯釋傳声詩更有神機超化外願將一句點迷羣 按此一句不知何語

長樂峯人列鏞詩文武才兼誇第一佀曺相業更光昭

長樂峯人陳龍章詩十事由來今古傳經權正變駕前賢

長樂峯人生員林應鍾詩梁公自昔列名臣苗裔于今復致身

長沙痛哭時艱濟文正存心夙抱真

福清峯人夏芝芳詩何一無能仁智勇真三不朽德言功古來

多少風雲契怎似元公報國恩

福清監生鄭彤彡詩百越戰功餘馬稜三唐相業盛姚崇

侯官儒士郭秉章詩讖傳十億磚文古榮寵三言御墨香

長樂鄉耆八十一歲曾天球詩荼毒一方三世叛綏來半壁七年勞

閩清貢生詹旭詩開元相系舊家声說礼敦詩又善兵

侯官鄉耆郭進琇詩唐宋以來傳使相夏商而上向宗潢天亞象下清勤慎洛出書中德壽康

右七律工卷自閩縣鄉紳郤伯蔭至福清釋太瀛凡三百八十家又補遺缺二葉可見者自福州舉人林煥至侯官鄉耆郭進琇凡十二家此卷皆閩侯長樂福清四縣人之作今節録二十四家句如右

紹興縣志採訪稿

連江生員徐燿詩開元賢相古今聞撥亂安邦又見君
永福舉人謝道畀詩風流儒雅擅文章露布飛書字挾霜萬里
障亭連水府一牀圖史肅軍裝按此亦公之軼事
福甯鄉紳莊軫詩唐朝相業姓名留濟美專征布壯猷
莆田儒士莫燡錫懌詩澄清吏治見銘箴制府風裁蓋古今硤石
千秋推相業冰壺一片是臣心行廚屏絕枯魚饋臥閣單寒大
布衾豈比粘沽名由矯假七年節操日森森
泉州鄉紳黃淦詩蠢蠢生靈草木滋救時惟有相元之
泉州鄉紳郭世純詩近詔樓船勿溷公捧來綸綍寵元戎鄭侯
豈事淮陰戰裴晋終收李愬功按勿溷公事之詔書今未見
泉州舉人黃觀光詩元之碩望已千秋底事于今快佁休

泉州貢生蔡文弘詩汾陽望重人知郭淮蔡功成衆讓裴
安溪生員李孟高詩十事由來推入柱祇今元老有崇勲
南安生員蔣堂衍詩當年輔弼重元之天路鳳毛振羽儀
晋江生員黄克寬詩陳相捐金因覆楚裴公收將用擒吴
漳州生員陳箴詩平淮自有韓碑在李遡安能孟晋公
南靖鄉紳黄聖時詩淮蔡已平碑字在願留上相寵裴公
詔安貢生戴冠詩破竹先因寒逆膽攻心取次樹降旗千秋公
論明于日莫改韓碑作段碑
沙縣舉人饒變詩国計無如民事良躬親復畝課農桑雙犁春
雨田家樂幾度烟蓑野穡香　宸翰已頒三字錫口碑不啻萬
人傳

建安貢生丘鎮楊詩 倚馬揮毫時草檄 拳杯談笑看投戈
建甯生員任際會詩 他年事業銘彝鼎 自是開元第一人
建甯生員任應修詩 開元相業今重覩 七載辛勤報国真
建安生員吴灝詩 家世昔曾傳相業 声名今更邁前賢（文）事至難為公獨為猶然念重未忘危恩出推格外人難測威出非常俗不知
建安生員張佳士詩 御墨三言勉 具瞻功高蓋世 雅能謙矜 心恙化蘇君德苛政頻刪已飭已嚴
建安縣生員滕晋銘詩 赤心報主潭中月 潔己阜民草上風

右七律中卷自連江生員楊茂藻至政和生員莊振葳凡四百五家皆福州府屬連江羅源古田閩清永福五縣人及福

甯州興化泉州漳州延平建甯大府州各屬縣人之作今節

録二十一家句如右

長汀生員熊祥鳳詩硤石元之功不賞口碑嘖嘖在詩篇

長汀生員李人鳳詩潞公年貌群争向僕射父兄衆共親

甯化生員王紹璡詩惟有多方勷我后曾無一事擾吾民

甯化生員黎萊詩五十七城賡樂土億千萬姓臥春臺花封無

復催租吏里社遥稱介壽杯

甯化儒士黎元棟詩已見救時姚宰相甯多報國李中書

上杭貢生李憲卿詩三山内外餗圖會萬姓桑麻復古風

武平生員林翰榮詩梁公门下皆桃李共效終軍許請纓

永定鄉伸黄日焕詩八州受令風雲動羣吏承膏雨露同

永定縣舉人盧化詩宰相由來兼大將文人何意建奇功風規
嚴整齊司馬籌畫紆徐擬臥龍
永定生員吳瑄詩載道口碑都不盡更將畫像祝無疆
莆田候選黄鏡詩向誰生汝公為父名子曰姚世畫兒
興化生員佘煋詩救時自有開元譜刘晏殊猷漫等量
泉州貢生王錫卣詩熱血殷殷山海遍清忠表表地天彌
右七律下卷缺三四兩葉可見者自邵武舉人張得芳至穌
化生員謝奕遴七十八家皆邵武汀州二府屬人士之作又
補遺自興化舉人刘士鐸至漳州生員蘇肩五十一家則補
各府州縣人之遺今録存十三家句如右
詩五排一卷凡一百二十首六十二葉

侯官舉人陳澗詩帝德高千古臣功冠一時風雲深契合社稷
肇雍熙（又）孫恩徒走海李勉倏登陴破敵收城堡受降勤撫綏
（又）士咸遵約束吏謹潤膏脂摘發奸方伏神明孰敢欺（又）時為
貧士歎遂賦大田詩庠序崇常衮飾儒事賈逵（又）北海孔文舉
西州皇甫規一時矜轂接萬里覩雲披
侯官舉人毛翼坦詩大威先納款上策不煩兵（又）閩民思樂利
公志愜澄清欲樹百年計頻諮八郡情（又）郭解驅車去蘇章解
綬行忘身思竭節愛國本懷誠
閩縣舉人韓登瀛詩立法廉為礪憂民病每叢丹心殫建白班
鬢矢公忠
福州生員陳發曾詩於越千巖秀名元自駿雄兼才如吉甫威

紹興縣志採訪稿

業超姚崇又豐碑難悉載輿頌偲僉同御筆清勤慎三言祇爲

公

福州生員王嶙然詩經緯空前後與除冠古今去矜知有度納

善見虚襟

閩縣生員蔡日就詩家風垂舊德國士占時名又奇績勞無競

殊勳讓息爭

閩縣生員陳思超詩有念俱生佛無營獨任真又遠邇元崇治

寧惟名伯巡

侯官生員郭德音詩燈火資寒士章程見苦衷鋤殘爲害善革

薄欲從忠七載沾膏雨千秋祝大功武文追吉甫將相羨姚崇

福清舉人夏芝芳詩嘔血全輸赤披肝倏似銀官兵生生弟淚父

老念酸辛天使殷勤向尚方賜予陳忠貞褒武穆悲憤慰炅均
功感焉辭過才高必怒鄰風雷良有待薏苡竟奚因(又)課學搜
鸞鳳甄材簡席珍文章工賈誼詩賦敏庭筠按薏苡似指徐元文誣奏之事見前

傳記類國史館傳稿

福清貢生林良爕詩政匪羅虞術憂深禹稷身百年吳樂利萬
姓恃慈親
福清生員陳日行詩禁旅風雷動長驅虎豹優丈人來決戰長
子率前旍
興化鄉伸林麟焻詩烈由無競著功以不矜成
泉州生員王錫籀詩雖係忠誠至亦因才畧優(又)位高秦陽級
功倍漢封侯猶復持謙讓況兼絕賂賕未徽司馬入先作冠恂

留聖主非無意用才皆有由仕看膺簡命帷幄共持籌按此末四句自是雅論

南靖生員羅耿辰詩硤石家声舊元之世德先（又）可憐劉与極幾費食和眠（又）韋託棠陰下欣然願執鞭

建甯貢生鄭文煒詩四時成歲若八柱承天同鳳閣勳猷重紹衣更倍隆八柱承天高明之位定四時成歲亭育之功存此唐張燕公說撰文貞公崇神道碑起句也

建安生員章雲泰詩申伯已云誕姚崇喜復生（又）閭巷均沾澤山川識姓名（又）口碑常載道先為我公賡

建甯生員程長銘詩開元傳偉業今復覩姚棠（又）救世顛危外掀髯慷慨中

邵武舉人廖必亨詩在昔称名業于今共播揚開府胡宗憲參

帷戚继光合矣真雙美分之則兩傷何如温且惠爾乃熾而昌
念祖唐姚相受書漢子房端凝齊衛玉芬郁接荀香冠冕文章
貴紗籠姓字彰
建甯生員程道樵詩麟趾徵仁厚鳳毛蔚羽儀(又)約法遵三紀
舒才足一夔(又)嚴征咲麋粥行部去襜帷(又)彝令風霜肅声名
草木知事俱由理道民自泯嗟咨(又)緩帶輕裘士綸巾羽扇御
(又)登眺庾公榭汪洋叔度陂翩翩翔鶴翅馥馥想鳳蘭蕤(又)袪
氏留青眼馬家貴白眉(又)勁節臨風竹丹心向日葵仔肩原任
大胞与亦無私
長汀貢生閔遇亨詩昌期求傳説盛代得姚崇八郡蒙庥遍全
汀荷澤豐有碑如峴首留賦頌彤弓 按汀州立碑長汀鄉紳黎士弘撰文見後碑類

鯨化生員陳鄗詩道同唐代佐派衍有虞廷(文)底績祇逢戌亶勞肇自丁大年仁累洽千禩德維馨按自康熙十六年丁巳至二十一年壬戌正六年也知此詩作于是年

右五排缺十一二兩葉又缺三十五六兩葉可見者自侯官鄉紳陳軾至鯨化生員陳鄗九十二家又補遺福清貢生張經泉州舉人傅廷璋二家其中佳句錄不勝錄今但抄二十一家句如右

詩七排一卷凡二十五首十七葉

侯官侯達薛佳詩名世生逢泰運昌姚崇相業古今良心因報国應適赤髮為憂時欲盡蒼

福州生員盧灼詩用降李懃觀机妙使間陳平勝算詳大千君

子皆衣錦十九巖堡畫籬黄

候官儒士俛學良詩天生元輔姚梁國帝識奇才張子房(又)赤子有田皆籍漢烏孫無地不稱王昇平丕奏農桑樂歌頌新編律呂光

延平貢生朱世魁詩當亡徵兵出禁籞親藩受鉞發長楊已閩嶽降鍾名世更道吴興趙相唐(又)澄清徹底興除弊釐剔無遺巨細詳(又)開元盛業簪纓懋繼起新猷鍾鼎揚

右七排自候官鄉紳莊振歲至上杭鄉紳郭連城凡二十五家今録四家句如右

詩七絶一卷凡一百九十首二十三葉

閩縣舉人黄德純詩幕府奇謀出不窮長鯨逺遁海天空平吴

本是龍驤力未許王渾冒此功此八首之第一首也心哀八郡久瘡痍淚灑千言諭有司走卒往觀都泣下勝看漢詔十行時此八首之第四首也侯官侯遂高士年詩獻捷彤墀日六輝原注癸亥七月日重大暈按即康熙廿二年也千官闕下馬如飛奇勳蓋代天顏喜法駕新從避暑歸此六首中之第五首也熱河有避暑山莊行宮

長樂生員陳賓國詩半壁安危繫此身幾年辛苦為斯人恩多儘有難行事一任孤衷枉（泣）鬼神此十五首中第八首也莆田生員陳延彬詩為贖仳僑慶再生戴高履厚愧難名自今皆以公為姓億萬謳歌達帝京此十首中之第二首也按莆七律下卷有莆田黃鏡詩云問誰生沒公為父名子曰姚世畫兒莆田為興化府首邑然則吳化府人且有名子為姚改姓為姚故事此古人亦有之矣莆人乃仿而行之

長樂鄉賔刘應逵詩大臣為國樂民康民被恩深那忍忘獨媿
海隅無以報家圖公像祝無疆此三首之末篇也
順昌鄉紳何純子詩廟廊強半出蓬户後日幾忘昔日苦孰似
錦衣念布衣揮金弗顧金如土此八首中第三首也
右七绝自侯官舉人陳燊翔至長汀貢生周官度四十六家
又補遺自福州舉人林煥至順昌鄉紳何純子三家綜四十
九家家或一二首至十餘首不等今抄出六家詩七首如右
又有詩四言至此凡八類约其篇彙足以徧訂六册六册之
中七律佔其三册多可知矣其中渾括大意描寫心曲發揮
公論引据先世者仿摘句圖例每体録若干聯以識大凡其
他有比儗姚江假借稱述者有引赤亭羌人姚弋仲不知非

氺一族者有引瀛洲學士不知同族異派者有引宋姚希得元姚樞明姚夔不知同姓别派者有沿史誤字以文貞為文獻者在作者不必拘泥而吾家不可不知也其屢引文貞公不啻為公述祖德各具章法句法頗有可觀故録之尤多當時作者不必問其遠近不知公實為文貞二十九世孫在吾族亦不可不知也

詩餘一卷凡二十七首九葉

長樂生員陳捷先調寄水龍吟首闋云誰人重整乾坤中朝司馬今羊祜禹穴間氣沛豊俊英折衝樽俎第一文章無雙事業精神天賦羨同時喬梓風雲際錫來丹詔鑾坡路　又調寄滿江红第二闋云元宰相真大雅平仲御偏多暇看胸藏秘策中朝

司馬整頓乾坤勳業冠廓清海宇金湯藉道九重恩澤是君王
從天下又第二闋云留翰墨破風雅親矢石還閒暇令人想姬
室放牛歸馬匝地皆春雞犬閙格天事業声名藉看上元甲子
再陶唐今天下萬姓悅謳云姚平仲字希晏靖康中為太尉後得道于山中年過九十紫髯委地与譙定為青
城隱士不知為何許人
潭州鄉紳張雄浪淘沙下闋云蒼赤幾無存甫定驚魂士皆絃
誦俗興仁德是培扶元氣轉浩蕩乾坤
將樂監生邱百萬年歡下闋云高牙大纛殊恩更加優賞墊軍
旅嚴肅海不揚波處處各安耕讀感荷爭先頌祝救時相業今
嗣續維皇眷顧錫遐齡萬年長享天祿
右詩餘自侯官峰人林茵至武平鄉耆九十二歲曾元盛凡

二十四家其中長樂陳捷先三首長汀馬上勳二首故二十七首今節録三家五闋如右

曲一卷 凡九齣五葉○原目在第十大類集句之次卷中在詩餘之次今按卷中編次是也原目不足據

（山坡羊）春旱連天秋壞一步農夫三拜青天恩主闻齋戒不入抬步攀香行大街寺门始轉雲遮蓋迎面滂沱還密篩（合）笑顔開三天足勾裁奇哉少保爺呵隨身帶雨來

（前腔）听取清官奇怪真是新闻廉介田間山水食何礙水誰買來少保爺道坊民挨户排二分五釐佼成塊隨担轅门遂箇獲免教他家宅巴巴着米粜（合）賢哉官居總督該

（前腔）告示傳鈔出賣圖像請回羅拜家家尊供廳堂外香案排催夫蹤票来皞皞犬吠推门壞登座開声頭忽抬藏牌回身拔

上鞋(合)公差你不肯青天在俺宅

右南臺小民曲

(黄鶯兒)攢債禍臨頭怪爺孃不自由滿洲強準爲家口裝烟送酒皮條細抽要還鄉除是重生又那知道少保公呵痛傷女流捐金代贖舡上忽中留

(前腔)笑嘻嘻爹共媽前頭猛全家左右擕儷泉臺返魂厮守向邊廂衆口数同行輩儔令公普遍都相救(合)忽中留銜環结草這恩大比山邱

(簇御林)差些去賣他州感閔津爲察妝方纔得一時成就我少保公呵水和米都無受當衣裘分頭兑贖日日放羈囚

(前腔)盤頭解對影羞作人家重起頭男生兒育皆公授祝少保

天長久鎮函州兒孫萬億一一每封侯

右延平雛歸曲

右曲侯官生員葉正瀚撰十一調又五調南臺小民六調延平雛歸四調綜三家二十六調目錄云九齣宴無齣數可紀蓋其原本如傳奇之体錄入彙編者但曲文也今錄存七調皆軼事之僅見者

集句一卷 凡九十五章十五葉○原目在詩餘之次今從卷中編第列之于此

侯官監生吳壎集唐人句七律二章

莆田幼童彭纘集詩經句二十三章舉人彭鵬之幼子也鵬啟事有曰小子鵬猷述頌一十九篇題曰擬古見前樂府類中幼男纘成經頌二十三首顏以集葩其篇目曰

疏請復界詠之以土宇凡四章三章五句一章六句

贖難民子女詠之以亂離凡五章四章六句一章七句

禁饋遺詠之以命我凡四章三章六句一章七句

題請設站協濟漳州兵食詠之以我相凡五章四章六句一章七句○按此為第八篇其前四五六七四篇刊本殺去五六兩葉今不見

止八旗駐莆詠之以上處凡四章三章六句一章五句

定八旗用夫額數詠之以王師凡五章二章六句二章四句一章五句

請撤八旗詠之以出車凡五章三章六句一章五句一章八句

捐金辦八旗夫船詠之以既平凡四章一章五句三章四句

減安塘裁塘馬詠之以遵路凡五章一章七句二章六句二章五句

飭清驛站革贍夫詠之以皇華凡四章一章五句二章六句二章七句

安栖投誠官兵開墾詠之以子湯凡四章一章五句三章六句

听灶户晒塩辦課詠之以肇域凡三章二章六句一章七句

内澳听民採捕詠之以魚罶凡五章二章五句二章六句一章四句○序内漏寫此條

示禁喂牧饋遺苹豕虚價官糴詠之以百爾凡四章三章六句一章七句

捐俸賑興泉大飢詠之以甯丁凡五章二章六句二章五句一章七句

捐資設立營房給還民居詠之以鵲巢凡四章二章六句二章七句

福興火災捐貲助民葢屋詠之以中露凡四章一章四句二章六句一章七句

申飭文武两司礼士詠之以思皇凡四章一章四句二章五句一章六句

捐金置各屬學田詠之以子矜凡四章三章六句一章五句

按彭氏集句首有自序云牽屬以廉也而掐攜又以利也故詠之以誰生利之而不可誘也則以師加之故詠之以有鶚

帥帥者號令在長子故咏之以高山帥必有馬鍘草飼馬重勞民也故咏之以凋繆然則第三篇命我之後尚有四篇曰誰生曰有鷃曰高山曰綢繆敬去兩葉故可見者止十九篇又第十七内澳听民椓捕一篇罵官又遺漏其序

右集句二家

序一卷凡八篇二十四葉○原目在曲之次今移列于此

侯官鄉紳陳軾序畧曰從古大臣總文武之揆其器識必周乎古今之遠而非一切引繩墨拘文法之所及所以爲人之所不敢爲言人之所不敢言始得以伸其己溺己飢之志利遍天下而人不知其所以然如公之侃侃陳請是也又曰余從諸父老之末聊綴數言以誌膏雨之思

閩縣教諭林竹亭畧曰皇清定鼎以來閩八郡一州歷四十年烽烟不息士女流亡延建汀邵在山則綠林逞險福興漳泉在海則戰艦揚波然山或有時可靜而海則無日不警歷十數大司馬節鉞之勞諸將軍貔貅之勇武功鮮奏声討莫施甚有憂國隕身之變者矣　又曰上游山寇每藉海為声援潛通竊發海寇既平山妖自解閩僑童叟僉曰司馬神功而公則謙讓未遑曰　天子之福偏裨之力也下游四郡一州半逼邊海順治十八年奉　旨遷入內地今海島蕩平公疏請復業使二十餘年流離溝壑之民悉還故土公之功德直上下與天地同流　又曰省會吉庇英達安民麗文華林諸里居標營久踞其高墉峻宇畫檻雕題主人有不得見者三十六年公勒令三日名主給

還兵為捐造營舍今閤各里所書聯曰半生隸舊里萬戶感新
恩又曰食德千千拜隸戶六六年情見乎詞矣　又曰省有元
凶者咸勢通神歷巡方彌縫莫察公審之而未遽發也大兵凱
旋之日首梟數人治以法頑讒斂迹良善遂生　又曰凡為民
徇樂利之美無一不興更為前人未逮之謀無善不舉辛酉壬
戌歲大旱公特壇虔禱甘霖雨應公惟一誠可格敬天治民無
往不孚似非政令儀文者所可幾及也（按求雨事前已見南臺小民曲據此則有兩次）（辛壬為康熙廿年廿一年）
又曰每于誕辰節序禁寮菜非軍務不通一刺矢誓必嚴官邪
自儆然猶憂勤惕厲觀其命字曰憂菴命軒曰憂畏誠大臣積
慮憂國憂民安不忘危之意也　又曰茲季秋望為公誕辰八

紹興縣志採訪稿

郡一州張樂燃燈焚香繪像相距數百里各沿门設案稽首稱觴公何以得此于遠邇間也噫盛哉可以觀德矣按此似康熙廿二年祝公六十壽序

長樂舉人謝恩序畧曰　上知公勤勞久數賜璽書勞問而境内之民受恩深至自薦紳士大夫下至農叟莫不歡欣鼓舞爭進謳謠以歌頌公公雖懷謙退之心深抑固拒而卒不能禁也　又曰自開国以來督吾閩者無慮十數或以慈惠著或以武畧稱求其外攘内撫文武兼資德威顯著如我公者父老相傳數十年中未始見也　又曰恩廬歲取途兩浙浙中諸公稱公置義田以資窮困又築塘數百里使水不為災恩以公之撫綏吾閩者既勤且大而又推其餘惠以及于隣封桑梓之国其可

歌也已　按此似為謠頌各類而作

福清鄉紳謝恩序畧曰公之偉伐盛德徧挾浹八閩而吾邑之被澤尤深且溥邑之父老人士出所編詩圖命予序而揚厲之　按此為福清人編詩及圖而作亦即展界圖也

福清生員何梅疇序畧曰閩人素沐公德者思欲祠之限于禁而莫伸于是上自大夫士下逮深山窮谷村氓競為詩謠以樂賡之小子感而述之并序公安邊靖民之功德用效昌黎碑頌淮西作為詩歌以告天下後世　按此與甯德鄉紳崔從駢文序只化鄉紳張松齡林麟焻散文序大都皆為邑人編詩文而作

右序八家

說一卷凡一篇三葉○原目在贊之次今移列于此

福清貢生林良樊撰其略曰少保公以復界得　俞旨民以得生還為幸既一年禾麥豐穰數倍于前魚蝦採捕之物充溢村里不可勝計民以益舒咸戴公德福清遷民繪復界圖以誌不忘閩縣諸生卞鰲瀛連珠序有曰飢者甘食渴者甘飲知閩人之所以感公者其來有自此所云云其最著者也

書事一卷凡二篇六葉

侯官貢生陳日浴書事畧曰先是徙民既繪少保像祀于家茲復繪圖請能文士作詩被之歌頌　又曰徙民虛地自閩始以次及粵及浙及吳及魯齊燕遼少保自昔宦粵時已深知其失及來督閩盡復其故所徙民而粵浙吳魯齊燕遼不得與焉　又曰使天厭閩亂早畀少保以重寄平海直反手羽林可無請而度支可無久糜又何待紛紛徙吾民棄吾賦遺患如

此其久哉

福清生員何梅書事畧曰父老繪復界圖成梅既為贊八章客有告梅曰大司馬姚公方遜謝弗居以為仗王命布威靈而已何圖與頌之為梅曰不然圖頌雖嵩美大司馬正所以揚厲天子也

按以上説一篇書事二篇皆為復界圖而作

碑一卷凡十篇二十葉

長汀鄉紳黎士弘撰碑畧曰汀民亦既孔亟矣邑中人士遷有釐奬之請念切如傷朝聞夕下今閲公手批之牘字斷句勒硃墨錯互若覯至百姓之家一一出其肺肝之所欲語父老子弟扶杖駢觀有為之沾襟泣下者郡伯鄢公莅事初已

條件釐剔承公撥益詳切力行上副公德意往觀古之任大投艱者類皆薄畧細微以為不足計意公無遠不届無隱不燭單民編户之啼號皆閔闐聽必期無憾而後即安全汀萬户受公恩僉謀勒之貞岷留公氏名千萬世等庚桑峴首之書按此似汀州府立祀功碑

漳州府學田碑平和鄉紳唐朝彝撰文本府清軍署府事張仲信捐俸立石舉人署教授事林蔚春董理

長泰縣學田碑長泰鄉紳葉先登撰文

龍溪縣學田碑龍溪鄉紳柯顧撰文

大田縣學田碑知縣慈溪葉振甲撰文

延平府學田碑知府真定梁允植撰文

甌甯縣學田碑建甯鄉紳張凝籙撰文

福州府學田碑侯官鄉紳鄭瑜撰文
福甯州學田碑福甯廩生員建不著撰人
興化府學田碑知府遼陽蘇昌臣撰文
右碑十家
記一卷凡二篇九葉
閩縣諸生卞鰲書田記畧曰今總督少保兵部尚書會稽姚公
興自諸生明崇禎中以神童游泮水侍其先大司馬在京應
皇清制科領解額筮仕至今官按此事諸家傳記未及
又曰公受任于破甑之頃時環漳上而屯者滿漢官兵不下十
餘萬親王則遥制省中公念此負嵎寇非歲月可期力言諸朝
以身與巡撫任其事請親王班師省大農不資費又以閩民重

國乞免其三年租開人所不敢開之口雖廷議不盡如所請然閩民感入骨髓逾年部署已定密訂師期率羣帥取海澄厦門一鼓平之于是親王已下漸次班師然尚留喇吳兩將軍在汛三年始盡撤公然後得盡舒其財取地方事悉力興除父老子弟不啻出湯火上春臺撥雲霧見光日蓋壬戌冬之初也　又曰范希文在涇原乞与韓琦同經畧軍中稱一韓一范公經營閩海卒与巡撫吳公成犄角之功朝野遠近亦僉以韓范相目以古概今甚矣公之似希文也公功德在閩不可殫述民間懽呼公德如天地之大以故公壽日歌舞頌禱之殷爲天下古今所未有　按此以書田記名篇蓋即綜記學田之緣起

侯官布衣高兆長樂福清復界圖記畧曰於戲此二邑耳而民

情如此予聞泉興清漳福甯連羅州邑以十計其地無涯其民無算其感恩懇悃有非歌誦繪圖可比擬者盛矣盛矣自有生民以來活人之功有大于此者乎按此為展界八圖而作其言畫界遷民之利病深明切著明文甚長不録他所著亦有見于四庫提要者蓋亦一名家也

右記二家

跋一卷凡三首三葉

莆田鄉紳佘獼跋畧曰獼不敏識公最早沐公德最深公令香山獼任順德未幾讀礼公兼握鄰篆時順有巨冦霍侶成等集蛋逆餘黨勢且獗公覘其機宜示以威信招之數千人卒投戈款閩而至憶讀公示中有做官不要錢殺賊不怕死之語竊已心儀其為人抵里後逢人為之嘖嘖誦不置及聞公將入閩復

語人曰幸矣我公至昇平日可睽矣　又曰閩人士以鄕向者之言為非阿相与咏歌之倡歎之以共勒于不忘爰彙次諸什竊附數言于後按此為閩人士偏詩而作又有平和唐朝彝南靖張雄二小跋

右跋三家

啟一卷凡五篇十葉

通省鄕紳士民徵文啟不著撰人

長樂鄕紳林鼎復謀編訂棗梨啟

福清士民施天麟王斂薛懋賞薛懋人何梅吳炳等六人徵文啟

連江鄕紳士民彙送詩文啟不著撰人

興化舉人彭鵬啟有曰所以不謀而合式徵好是攸同徧諸七

閩輿謳兩部見自漳郡平海一圖又曰公釐二帙約見大凡彰明闡眷列眉某題某事祇慎書名指掌某咏某人又曰播之薄海垂諸千秋知大臣不事近名而三代猶行遺直按此言輿謳兩部公釐二帙云云者似嘗與當訂彙編之役者也似即成于此公之手此公字奮斯順治庚子舉人後仕至廣東巡撫為康熙朝名臣見東華録

右啟凡五家

雜文一卷凡四首十葉□原目作附見三首按附見非詩文名目又實有四篇也

全閩士農工商議建樹碑亭告衆文不著撰文

侯官九十二歲子民何森宣揚高厚文

甯德鄉紳林起英等十人生員崔衍湄等二十三人童生崔鑑等二人鄉耆陳王前等四人為奉迎禄位崇祠文昌閣呈崔衍湄詩

序云甯庠人士感公功德當配文昌爰集生儒崇祠閩中小子湄同沾教澤製泮宮歌一章以獻見前七古卷中

閩縣生員八十歲李森篆書海不揚波四字徑圍丈一大勒于鼓山屴崱峯前頂并勒銘頌以紀鴻功呈

右襍文四家

捐置學田目凡九則四葉

福州興化泉州漳州延平建甯邵武汀州八府福甯一州通共置田一千四百九十六畝零

康熙二十一年十月二十一日為捐置學田以興文教事照得閩南人文蔚起士子彬彬真有鄒魯遺風變亂之餘豊足之家得以安心肄業者無幾貧寒之士饔飧不繼捧卷而歎甚可悲也本部院起家亦自寒儒年至四十始叨鄉薦追憶當時每成

太息豈敢以遭逢榮顯遂漠然于生徒連年督師漳海矢石躬親矢石不遑計及今者賊已遠遁勦撫之功在旦夕則振興文教誠不可緩矣除觀風修學諸務次第舉行外思維學田一事古人有行之者本部院廉介自矢雖不能為八郡諸生從長區畫姑且黽勉捐俸每府學發銀一百兩州縣大學發銀六十兩中學發銀五十兩小學發銀四十兩薄置膳田以為貧士燈油筆墨之助又曰茲一役也以本部院一人而捐八府一州五十七縣覺所費至五千餘金若該府州縣雖有同心捐助不過于本學而止似不難共成義舉至于鄉先生殷寔士庶誼屬梓里倘有聞声此唱彼和共為湊捐使貧士無半菽之嘆文風有興起之盛豈不美哉 見前文告第三卷

右學田目

閩頌彙編目録至是畢訖康熙二十二年二月二十九日文告曰為申禁鐫刻歌謡建立祠碑以遵　功令事照得居官服政上期不負　朝廷下期不負百姓本部自督閩以來罪多功少即有一二為民之事亦不過分内應行有何功德足以表述況閩自曩昔罹亂之後受困最深從百法調劑元氣尚未全復本部院撫衷自向負疚已多尚敢煩我士大夫及黄童白叟貽以不虞之譽乎是以前次鐫刻歌章本部院屢經出示通行嚴禁無何各伸士耆民不善体察迄今復更有撰頌謡者有刻篇什者有製彩軸者甚至有建議繪像塑像興祠立碑呈懇詳請者不愈增本部院愧汗浹背耶況稱公頌德奉有　上禁爾等讀書者潛修品行營業者勤

儉生理孝弟盡于家和睦著于里斯民也即可謂三代直道之民矣若以本部院衾影多慚而相与揄揚不置崇尚虛文此非本部院所願聞也合再出示禁諭為此示地方諸色人等知悉示後凡有輿頌篇章未刻者立速停止已刻者即將原板焚燬不得仍前刊刷以滋流傳貽笑千古至于繪像塑像輿祠立碑萬〻不必建議重增愧赧此本部院功少過多寔不敢當此感舉尔紳士庶民各宜見諒勿再有違自取查究未便

見前文告第三卷○讀此文知公為此等事已數次禁止矣前示皆未見此為繪像塑像與祠立碑呈懇詳請而發雖諭禁如此而闔省士民皆自以為三代直道之存無所容其假借必欲刊行以風示來茲一若無与于公事者公至是亦無可如何已今録公此諭全文以當公之自跋且以見當日情事如此

函領彙編目録終

謹按閩頌彙編不著編輯者姓名書首封面佚去亦不知成于何年致興化舉人彭鵬啟事云編諸七閩輿謳兩部又云公釐二帙仍見大凡又閩縣教諭林竹序云茲季秋望為公誕辰八郡一州稽首稱觴閩諸生卞鏊亦云公壽日歌舞頌禱之殷為天下古今所未有按康熙二十二年九月十五為公六十歲生辰書中已載其事是其初編次成書公猶在位迨是年十一月晦公薨之後復加釐訂增入卷首演連珠一篇恩德述畧一篇留葬靈櫬衣冠呈各一篇詩集中又各增補遺若干篇于是始勒為定本殆成于康熙二十二三年歟卷首分七種次奏疏分三種次文告次賦騷以下諸体分廿七種通為三十八種每種各注明若干葉其彙編裝訂者則

紹興縣志採訪稿

卷首一册奏疏六册文告四册賦以下九册合為二十册并書首
兩序及總目凡一千八百二十七葉云是編依四庫分隸之例寔
為史部傳記類名人之類屬而自來名人一家之傳記卷帙多至
如許又盡出于本人同時之公論寔見所未見也今仿文選注引
書目别編為録記其大畧亦畧于各種之末申明節取之意附諸
先代遺文第九家之後原本總目排比次叙稍嫌襍亂書中
既各自為篇則移易先後無関出入因以蔵意次第之不從
其原目焉
又按公之孫原任台拱同知繼祖有南華館拜伯父長文公
墓詩云憑誰寄慰黄泉下家傳今年達紫宸注云近開功臣
寔録館先少保神道碑長文公傳暨閩頌彙編皆奉　詔送

入吳并識于此　按此詩編入乾隆三十三年戊子至三十六年辛卯四年中見還雲堂集卷第三卷詩所云今年不知在何年似即邵二雲學士爲纂修官之時見前傳記類何太恭人壽序中

見紹興姚氏譜遺文九附録

紹興縣志採訪稿

仰視千七百二十九鶴齋叢書序　　趙之謙

余年二十一時山陰孫古徐好聚書一夕得王氏佐北征日記張氏岱石匱文編狂喜告余余語古徐盍取諸家藏本世希有者成巨帙刻叢書古徐曰諾是歲道光己酉吾鄉沈氏鳴野山房藏書初散精本半歸楊器之猶可假錄求戚友家先世遺箸亦多完具凡蒐訪編校者五年已得百三十餘種付與鈔胥而古徐病作尋卒事不克成余家世業賈余始為儒舊有薄田供饘粥自余生十五年兄為仇誣以訟破家至是竟不能得購書資閱市借人妄謂彊識咸豐癸丑遭先贈公喪鮮民之生日益危苦終歲犇走賣衣續食而已辛酉客溫州值故鄉淪陷再毀於賊擻篋破書未以自隨弱小死亡簡編同殉囊從借讀之家亦半為焦土俯仰身世十

數年中悲憫窮愁噩夢忽覺同治初元航海入京師屢試皆黜棲
遲逆旅煮字爲粻年積數金復稍稍置書鑽以故紙皆（雖）昔之所見
不能重遇而零殘斷楮轉多新得歲在辛未溧陽王瓚公已補官
上虞寄書申約乞歲捐百金爲刻書費瓚公許我明年壬申得見
新化鄒氏讀書偶識欲持屬瓚公書未發瓚公又緣事解職時余
亦以縣令試仕江西始遇攸龍皞臣爲刻鄒氏書洎光緒戊寅權
令鄱陽將行亟引在官寫書之戒與吾友期曰歸時儻得俸錢當
爲前人刻數十卷書不能望諸人令反而求己甫抵官旬有九日
大水壞民田巨浸稽天歷四閱月災潦之區催科彌拙爨薪鮭菜
間致稱貸以畢朝昏嘗默誦抱朴子百里一篇信乎煩劇所鍾誅
求叢赴有難堪也己卯大有年余乃受代去友靳余曰求己今何

如君固不求求亦不得而望人乎余曰彼逸任人吾勞任已余之來此勞心勞力亦五六年鬚髮白者且過半矣前未有也敢言無得友正色曰烏白頭不及馬生角也庚辰春余猝病咳自二月至四月不瘉藥之彌甚終夜危坐忽夢出門行大道邊遠望江湖浩淼無極過郡民問塗言自此前進為鶴山仙人之所都也上行則山内下行則山外大道迂遠有捷徑可導以行至其處昏黑若簪井余謝不能顧迂道久之不見人得一人問鶴山下畬畫掌示以字搖首去後者至改書字問之其人視余良久為指一隅依以行突見石壁百仞上鑿二大字曰羅山始悟前失然不知其義又捫壁行里許有老者合眼坐茅舍中二豎侍側余詢山内外何地仙人何狀一豎曰君非此類也山外地近明當引君遊可宿檐下次日

辨色豎來掖余走過一山前有大溪清光澈上下余欲緣溪行豎
不可趨山膏立磐石上但聞空中大聲獵獵如烈風仰視則羣鶴
翔舞而出羽翼蔽天日因問鶴數豎言山外鶴不知其萬億兆也
此皆膺籙者近已一千七百二十有九矣已而清唳闐發變異殊
甚齊飛過前溪偶俯瞰則水中影鸜鵒雞鳧皆有之且雜蟦螳蝱
蟯蚈螇蠮螉之屬其為鶴者百不一焉余指問豎豎曰毋多言此
為地鏡不與君緣溪行以是也余强豎往視自視人也視豎渺小
成一環因拍其肩曰脈望脈望豎曰知我視君又作何狀彼自視
亦皆鶴也祭見淵魚不祥不如忘之余欲歸遂循塗返老者拱手
竢因謁而求術焉告余曰不鄙非仁無仁斯辱不媚非智無智斯
卑余仍不知解也周視舍側有書亂疊疑可得秘文發之不可開

開之無字疑愈甚老者言三十年舊約忘之耶天下事待君者僅有此耳君家元叔有言且各守爾分力所窮時巨將不勝輕則易舉余曰然奈余病老者言東壁下有丹篆二十四記之當廖人誦一過能洞見鬼物其文曰奇已鴿大復豕翳纖皃作是子鳥所躑弓則弛伎止斯吾憐爾讀甫竟聞大呼知否遂驚寤剔鐙濡筆為之記四月二十四日也爰發憤陳篋取舊時所得卷帙至簡者編為叢書閒坿鄙箸冀匿瑕纖寫副墨板決自今始寬之時日依次付梓當歲有成書贏縮作輟準資有無畢願何期與年俱盡既成第一集署卷耑曰仰視千七百二十九鶴齋叢書而序其緣起如右猶說夢也錢塘陳曼生家曾有夢飼千八百鶴齋曼生故寓言非夢也以為夢余夢也二人以為真則真夢也徐堅初學記十九引

夢書曰舉事中止後無名百姓所笑人所輕斷章取之其言可法

西極之南古莽之國今尚有人手持此相質庶幾心知其意者矣

會稽趙之謙撝叔甫力疾書

鷗堂日記　周星譼昀叔著江陰金氏粟香室雕本時光緒丙戌季秋

序

武祥既刻周昀叔都轉古近体詩四十五首其東漚詞二卷介弟季貺太守先刻于閩中去歲哲昆涑人直刺自皖寄其日記三卷云亡弟詩古文詞懶不自收拾存此而已余閲之名言隽旨多寓其中為删其繁瑣者畧加按語彙刻一帙顔曰鷗堂日記從其舊也都轉于甲午解組後僑寓吴门遽歸道山涑老旋卒于無為州任所循覽是編益不勝聞笛山陽之感丙戌季秋江陰金武祥溎生甫識

李蓴客以新製哭王平子明經詩七律四首見示因愴念平子殁已四十日矣屢欲為小傳記之因循未果夜坐棲香室秉燭濡豪含哀述此畧曰君王氏名星諴字平子浙江山陰人也父學厚以

工帖括為名孝廉屢試春官不第嘔血卒君生而奇慧讀書目數行下把筆為文輒有新義父深器之尤喜為詩初無指授而天資華贍妙悟特奇出應童子試嶺南徐鉄孫棨時守越一見嘆異首擢之歲庚戌補博士弟子員与會稽李模俱以諸生有名于時號王李當道光末祚風雅道衰吴越夙稱文教之區而典型頹謝風流闃然後進少年幾不知經史文章為何物山陰周星譽時以翰林家居慨然有興復之志于是叔益社于浙東一時名士如許棫孫垓余承普周光祖周灝孫孫廷璋周星詒李模及君均列社籍君与李模周星詒年最少文又最工每當同人社集酒酣分韻一篇乍成舉座嘆服往往有匿其稿不敢出者君和平溫克恂恂若處子而宴傲晚不可一世生平惟推重周星譽星詒兄弟李模待以

師友餘如孫垓雖齒高德重未嘗下之數充秋賦不售孤貧益甚又失歡于後母及叔會從父復謙以御史中丞奉使河上往依焉既從父丁母憂罷乃橐筆客梁衛諸侯幕中司箋奏者數年迄無有知君才者坐是益失意咸豐己未入都試京兆病脾泄誤于药遂致委頓揭曉中副車自以才高運蹇哭泣不止次日病劇遽卒年甫二十有九啟其行篋衣數襲白金五十兩而已君穎悟出于天從又沈靜嗜學于詩古文辭無所不工而尤長于詩與駢儷驚才異藻冠絕一時同人嘗謂君貌陋而文特麗是其一反所為詩清奇變化學無專師往往好為幽深僻奧之詞而尋繹寔有至理惟悲窮怨逝多噍殺之音如羈臣行唫寡婦夜哭讀之卒掩被涕下不能終篇李模周星詒往共評同人詩曰平子清而至於寒哀

而流于惨非貴壽之徵也竟如其言君生時母夫人夢焦山退院僧來借舍寤而臨蓐殆空明圓覺之性歷刦不昧者歟會稽孫廷璋性狂易人以文就質者一覽輒置案頭向以優劣大笑不答每得君所作則循誦不能去手嘗曰王平子大是聰明其爲勝流愛服如此娶某氏生子三贊曰國家當康熙乾隆之間時和政美天子右文王公大臣相習成風延攬儒素當代文學之士以詩文結主知致身通顯者踵趾相錯下至卿相節鎮開閣置館厚其廩餼以收海内之望田野韋布一藝足稱無不坐致贏足設平子生際其盛迴翔臺閣潤色太平宵有愧色乃飢寒奔走三十不獲一第牢騷抑鬱賫恨以終豈士之有遇不遇歟抑世道之變也百年之中盛衰頓易嗚呼豈獨爲平子悲也哉 以上録越縵堂日記

淮南許注異同詁遺續補（凡四卷附補）會稽陶方琦述　漢孳室著書第六種　光緒七年刊

陶方琦自叙

淮南道藏本較通行本爲槲峪而踳敚亦甚方琦讀而病之遂爲淮南參正一書許高二注玆出東漢浚長詁記説尤古樸濮令之注雖祖南郡要非其匹也己巳之歲閒尻無事繙帑羣册剌取許氏之逸説晉爲一卷舊傳道藏本有許注羼入相沿累代曷能釐析嘗疑原道以次十三篇多詳（原道俶真天文墬形時則覽冥精神本經主術氾論説林説山脩務）繆稱以次八篇多畧（繆稱齊俗道應詮言兵略人閒泰族要略）詳者當是許高注雜略者必係一家之言解故簡槁尤近許氏後讀宋蘇魏公文集内有校淮南子題叙略云是書有後漢時太尉祭酒許慎東郡濮陽令高誘二家之注隨唐目録皆别傳行今校崇文舊書與蜀川印本

淮南許注異同詁叙　一

泉臣某家書凡七部玆題曰淮南子二注相參不復可辨惟集賢本卷末蔣賢題載云許標其首皆是閒詁鴻烈之下謂之記上開元古經所引淮南閒詁皆許氏說琦案王氏漢藝文志攷正亦云許慎注淮南曰閒詁其注曰記上鼂公武郡齋讀書志謂許慎注標其首皆曰閒詁次曰淮南鴻烈自名注曰記上高題卷首皆謂之鴻烈解經呂覽高誘叙云誘作淮南孝解經解經之下曰高氏注每篇下皆曰訓又分數篇為上下道藏凡原道俶真天文墬形時則主術人閒皆分上下卷以此為異崇文總目亦云如此又謂高氏注詳于許氏本書文句亦有小異然今此七本皆有高氏訓叙題卷仍各不同或于解經下云許慎記上或于閒詁上云高氏或但云鴻烈解或不言高氏注或以人閒篇為弟七或以精神篇為弟十八差參不齊非復昔時之體臣某據文推次頗見端緒高注篇名皆有故曰因以題篇之語其閒奇字玆載音讀誘自叙云比方其事為之注解

悉載本文并舉音讀故十三篇中音讀最詳而許注八篇音讀闕宗淄澠之別不言可知許于篇下麤論大意卷內或有假借用字以周為舟以楯為循以而為如以恬為惔如是非一又其詳略不同誠如總目之說互相攷證去其重複共得高注十三篇許注十八篇云云此與方琦舊說適相脗合原道以次十三篇皆有故曰因以題篇字高注本也繆稱以次八篇皆無故曰因以題篇等字許注本也家取舊輯許氏逸注比而勘之原道以次十三篇許注與高注文義多異繆稱以次八篇許注與今注文義多同其異者正見二注之并參其同者益見許注之不謬況隨唐書經籍志淮南子載許慎注二十一卷高誘注二十一卷舊唐書載淮南商詁二十一卷商詁迺閒詁之譌不言許慎注明係敓文高誘注二十一卷新唐書所載卷目都合新唐書直云許慎注二十一卷不云商詁知舊唐書無許慎注三字乃佚文也

紹興縣志采訪稿

淮南許注異同詁敍之

惟宋史藝文志載許慎注二十一卷高誘注十三卷今原道以次有題篇者適十三篇意者北宋時高注僅存此數與蘇魏公高注得十三篇之說如出一揆至云許注二十一卷乃合高注而言之宋蘇氏云互相攷證去其重複共得高注十三篇許注十八篇十字疑衍文蓋高注十三篇許注八篇正合二十一篇之數故云去其重複否則八篇即繆稱以次無題篇之八篇十篇之注淆入知高注十三篇中不可復識矣宋時安得有許注全本宋史誤也高注篇内必雜附許氏脱注故宋本及道藏本竝題爲漢太尉祭酒許慎記上錢溉亭曰宋時安得復有許注大抵許注旣佚宋人家以零落僅存者羼入高注家題許慎之名又云正統道藏本即宋時羼入之本校通行高注增十三四其閒當有許注是也而繆稱以下八篇全無高注斯盡存許氏脱説故注獨簡質竝無故曰因以題篇等字莊氏逵吉曰繆稱訓下數篇標目下皆無因以題篇四字注又簡略蓋不全者也此莊氏不見蘇魏公序文故云此方琦又讀宋本淮南其繆稱篇題首有淮南鴻烈閒詁于要略篇亦題閒詁二字

閒詁許注本也知繆稱至要略八篇塙為許注舊本無疑而胥人志別之苦心不絕如縷矣千古沈惑重相剖晰所望同志信以傳信即一書中有文義互異者正見許高之判如繆稱篇（無題篇字為許注本）之紂為象箸而箕子嘰與說山訓（有題篇字為高注本）之紂為象箸而箕子唏異也詮言篇（無題篇字為許注本）之猨狖之捷來措（繆稱篇同）與說林訓（有題篇字為高注本）之猨狖之捷來乍異也詮言篇（許注本）之羿死于桃棓（注訓棓為大杖）與說山訓（高注本）之羿死桃部（注訓桃部地名）異也道應篇（無題篇字為許注本）之孔子勁拘國門之關與主術訓（有題篇字為高注本）之孔子之通力招城關異也道應篇（許注本）之周鼎著倕使齕其指與本經訓（有題篇字乃高注本）之周鼎著倕使銜其指異也修務訓（有題篇字為高注本）純鈞魚腸之始下型與齊俗篇（無題篇字為許注本）之作滔均異也覽冥訓（有題篇字為高注本）之上契黃壚

與兵略篇許本注之作黃盧異也原道訓高本注之京臺與道應訓許注本之作強臺異也原道訓高本注之六瑩與齊俗訓許本注之作六英異也汜論訓高本注之淄澠與道應訓許本注之作菑澠異也齊俗訓許本注之隅背之削與本經訓高本注之隅差之削異也後人不知八篇十三篇之分動有疑其互異者其未經竄改亦尠矣幸得數事以為左證其它又有可攷者如原道訓三仞之城下注云八尺曰仞而覽冥訓注作七尺曰仞以說文仞伸臂一尋八尺推之知云八尺者乃許注矣墬形訓百果所生下注云在木曰果在地曰蓏而時則訓注作有核曰果無核曰蓏以說文在木曰果在艸曰蓏推之知云在木在地者乃許注矣又注中有言某或作某者有言一曰某某者多為許說如原道訓昔者馮夷太丙之御也高注云

夷或作遲丙或作白而文選七發引許注正作馮遲太白河伯也
俶真訓騎飛廉而從敦圄高注敦圄似虎而小一曰仙人名而史
記索隱引許注正作滈圄仙人也氾論訓段干木晉國之大駔高
注駔驕怚一曰駔市儈也而御覽引許注正作駔市儈也俶真訓
谿子之弩高注谿子為弩所出國名也或曰谿子蠻夷也以柘桑
為弩而史記索隱引許注正作南方谿子蠻夷出柘弩及竹弩也
又如詩經正義引許注楚人謂寡婦曰霜文選注引許注楚人謂
水暴溢曰濼列子釋文引許注楚人謂袍曰裋眾經音義引許注
楚人謂柱碣曰礎知二十一篇中引楚人謂某曰某者多是許注
矣以是類索古誼益出至若當時許本必與今本文義互有異同
如文選注引坒相連也璐美玉也裝束也猥總凡也皆指為許注

紹興縣志采訪稿　淮南許注異同詁敘

淮南之說一見再見信而可徵而撢究本書或多變易即近攷史傳志注及古册徵引與今本縣區者多為許氏義矣蓋今時淮南之本迭經變竄唐人引淮南之注開元占經及意林羣書治要等書皆為許本故與今高注迥異後人不知家日翳隱也攷淮南之注傳者惟許高二家惟後漢馬融傳言融曾為淮南注隋志不錄書已早逸然高誘之師為盧植植之師即為馬融誘自序云從故侍中同縣盧君受其句讀誦舉大義是高誘當親見馬氏注本承用師說必多相合故與許氏注說亦不甚異也況高出漢季去許未遠所云深思先師之訓即指馬氏注本故音訓之詳碻非魏晉以後可隸今必別白同異亦緣許注久湮後人尠知精討疑信相乘古解日替如劉蘆泉以為許慎記上而高氏為之注疑許氏迥無注又如南宋以後諸儒引高注皆譌為許注之類是也家使南閣舊

義蹐駮羼亂于高氏注中亦非高氏所安也故為異同詁四卷方琦復著淮南許注存疑一書以輯存其賸義凡北堂書鈔初學記藝文類聚太平御覽諸書所引淮南舊注不標許君注者雖與高氏注異亦退入存疑中非得確徵不輕采入頻年憂患汔未卒業先出此書以質同學略傳徵据特取昭記簡緐數米煩而不詧竊幸不受鴻烈之譏也同治辛未夏日會稽陶方琦自敘

補遺敘

方琦輯鄦君淮南注廿載構綴乃就斯編今茲讀禮匽伏蔽疚朝餔之暇尋繹廢簡屢从姚子海槎窺涉古籍剔斠奧文奇書碩記互相披析因又從蕭吉五行大義補九則杜氏通典補一則唐釋慧琳大藏音義補九十餘則大藏音義者傳于雒東獅谷阮文達衆經音義提要云西明寺慧琳大藏音義一百卷今已不傳乾嘉

淮南許注異同詁鈔本

經師均未逮見余吕闇居獲睹異册旁引秘文非世諗習瓌琁盈前攈摭不盡爰事次簡緝補前書識大識小信而有徵且與昔恉若合符節（在八篇者盡同在十三篇者多異）觸事廣之演其未及昭兹來許令得用諝閒詁之誼庶無遺焉

續補敘

鄂中刻補遺一卷後又獲見日本近出古書數種如唐人卷本玉篇零部三册又續出絲部一册及隋杜臺卿玉燭寶典十一卷希麟續一切經音義十卷重得淮南許詁如此始知異書迭顯鬻學靡止再有續聞必勤斠録前閱畢氏關中金石記云唐人有史崇道藏一切經音義引據古書亦稱博雅尚書殁後迄未刊行世無其書知者并尠儻假以編帙前緣繙帑餘暇續捃閒詁力歸完書

並世學者當有同志甲申秋日陶方琦跋於郡齋之雙褘隋室

淮南許注異同詁敘六

紹興縣志採訪稿

書籍六

目錄書籍

三山詩草一卷
還雲堂詩集
夏畏軒詩卷
夏畏軒遺稿
山曜詩草二卷秀峯詞一卷
木鷸詩文稿
鎣山賸稿二卷
兼山堂經解四卷雜箸一卷詩三卷詞一卷
兼山堂詩集
借箸雜俎

越中七子詩鈔

李堯棟著述之富

王孝子繼穀詩一卷

五周先生集跋

五周先生集目

蟄室詩錄 周沐潤著

詡菴遺稿 周悦修原名源緒著

傳忠堂學古文 周星譼著

漚堂賸稿 周星譽著

東鷗草堂詞 周星譽著

窳櫎詩質 周星詒著

童氏兩世詩稿

元祕史山川地名攷十二卷

筠厂文選會稽陶式南著

王載溪史論

周氏傳家集

劫火紀焚

題壬癸尺牘

跋酉冬氏春志餘草

跋申冬酉春歸扐草

姑孰夏課乙編小引

癸卯通義草書後

瀫雲山房乙卯藏書目記

碧山樂府二卷一名花外集

曹江孝女廟志

董小池宋元印譜

俞仲華撰蕩寇志

三山詩草一卷　凡一百五十五首

道光六年同里後學商嘉言序畧曰或曰莫爲之後雖盛勿傳不知人一生精力之所專注即多殘缺如青蓮詩所云三山半落青天外者自有後人蹶起而傳之先寶意太史輯越風皆自有可傳者又曰越風輯姚氏詩亦有傳之不盡者丙戌秋鏡西岑表叔出示越風所采姚三山先生詩集爲先生猶嗣山臞三先生所偏而集後序其編之之由謂先生弟兄相師友性喜吟棄制舉業專力於詩詩益多且工游閩樂海上三山勝因以爲號居數載登臨酬唱無慮數千百篇歸舟風暴幾覆詩篋沈沒波濤間先生鬱不自得年四十卒無嗣先生弟芋亭公按即守清公舊譜不見有芋亭之號又舊譜載三山先生雍正八年庚戌生乾隆三十七年壬辰卒年四十三与此言年四十不合

時秉鐸富春急遣人蘇收〻逸草已散失過半晚年僅以咏古諸作授嗣君三先生且命蒐輯成集梓行三先生承公命檢校遺集得先生詩一册合之公手授益以諸兄弟所録存而以先生臨逝一絶終焉獨惜所徧者十不得一二又曰今三先生既梓尊甫集復蒐輯伯考三山先生詩付梓以傳足令後人孝弟之心油然以生德功之立亦且不朽况越風傳先生詩僅書巢懷古及落花落葉數篇而此卷已多十數倍則尊甫之心可慰而先生亦含咲于五雲縹緲間矣且後人所輯更能溯前人所長謂先生自漢魏迄元明諸家靡不研究而一釀以己之性情故其為詩温麗纏綿寄託深遠言受而讀之信然鏡西表叔以三先生之命〻序于言敬以三先生之序先生者序之

振宗謹按此公爲息園公第六子故膠州牧述祖弟台瑛同知继祖同母兄也三山詩草僅存一卷穀生先生藏有道光六年家刻本商序之外又有同里後學鄔鶴徵駢文序姪杰跋于末別見于後詩凡一百五十五首越風所録放翁書巢怀古爲集中第二篇落花爲四首之第三落葉爲四首之第一今抄出臨遊口占一首并節録商氏序言以識大凡集中大篇有無題三十首自一東以至十五咸悼亡三十首亦如之咏古五十首自九疑山至清風嶺又有題板橋雜記十二首秋吟八首其悼亡詩首句云六六年華逐短蓬知此公喪偶年三十六後七年亦卒　見紹興姚氏譜遺文十四

興縣志校訂稿

三山詩草跋

姚杰

右三山詩草一卷伯父巽中公念祖遺稿也公行六与先君子同為徐太恭人出友愛彌篤大父觀察公逝世家中落貧不能延師弟兄相師友如東坡之于穎濱公少穎異目讀書目數行下甫冠即食餼于庠文譽日起顧性喜吟咏時藝非所好也省試屢不遇庚辰先君子舉于鄉公復被放戚懿咸為公扼腕公喜形于色曰顯揚有人吾可從吾所好矣遂棄制舉業注力於詩而詩益多且工所居鳳巢書屋有古桐數株時与先君子吟哦其下同里李徹蓴沈梅史唐石蓬諸君子素負詩名見公詩皆歎歎服因結鳳巢詩社唱和無虛日每一篇出里人輒傳誦集中所載咏物諸作是已追先君子計偕北上公獨居無聊聞閩中多佳山水襆被往遊

閩故瀕海慕海上三山之勝乃以爲游焉居數載所作登臨懷古及與閩中耆宿酬唱詩無慮千餘首歸舟遇暴風幾覆詩篋沈波濤中公自誌曰天不欲吾以詩鳴耶何馮夷之肆虐也嗟惋者累日按此真可嗟可悼此千餘首中必有關止公遺事爲彼中士大夫所傳述而形之于詩者既歸同社諸友相繼徂謝先君子已就廣文公受徒里中鬱鬱不自得年四十卒無嗣時先君子秉鐸富春訃至急遣人歸里收遺草而已散失過半矣公于古人不專師一家自漢魏六朝唐之初盛中唐晚下及宋元明名家諸集靡所不窺而以己法神明之嘗語先君子曰詩以性情爲主舍性情而尚格律是襲古人之貌而失其真也故所爲詩衆体兼善而尤長于言情溫麗纏綿令讀者不忍釋手至于美人芳草寄託遙深往往在虛無縹緲間如金銀宮闕可望而不可

即惜降年不永賫志以殁未得盡其所長而生平篇什之富一失于水再失于身後之散佚迄今斷楮零墨僅存什一於千百為可慨可也杰生也晚不及見公南洲兄名樟公長兄也言公長身玉立睟子瞪澈若秋水鬚數十莖灑灑清疎望之如神仙中人今觀易簣時口占數語宿因不昧洵昔人所謂身有仙骨者与先君子晚年手一編示杰曰此汝伯詠古作也議論声調雜之玉谿生集中幾無以辨其他作皆可傳以不自珍忙脫稾後輒為友人取去昔商宝意太史遊越風未見全稿僅登落葉數首即得諸社友傳抄者汝能蒐輯成集當梓以行世杰受而藏之惟恐失墜暇校先世遺籍于敗簏中得公詩一冊為李澂尊先生所點定而蟫蝕鼠齧字句多不可辨識其首尾完好者僅岳祠秋吟八首而已因亟為録出

合之先君子手授并益以諸乂弟所録存者而以臨逝一絶終焉共得詩一百五十有五首然皆一題數首以至數十首無題悼亡等作小時見南洲兄抄本尚有駢体小序而今亡矣丙戌夏校讐既竣爰付剞劂以質海内之知詩者繫以三山從公志也道光六年五月朔日姪杰識謹識

見貽吳姚氏譜遺文十七

還雲堂詩集　姚繼祖

嘉慶五年庚申毘陵周景益夢香序曰昔与先生同官于皖俱隸池陽(按即池州府)先生治縣有声調秋浦(按即貴池)余以事詣郡乍見視若平等久之稱金石交以弟畜余而余則師事之秋浦為附郡首劇(貴池為池州府附郭首縣)濱大江當南北之衝廣袤四五百里訟牘山積冠蓋相望于道加以旱潦洊臻鴻嗸四埜先生手裁口畫洪纖畢舉寃者直飢者飽一衣餗過者悅然已敝積(精)勞神而不廢嘯謌郡故杜紫薇舊治城西有杏花村文藻掩映先生慕其遺風暇則(集)二三賓從蠟齊山之役眺文選之樓興之所寄哀樂之所感一寓於詩每一篇出必膾炙人口故江以南稱風雅宗向嘗謂余曰吾与若皆年逾始衰宦場滋味畧嘗之矣故園松

菊幸有存者疇其脫屣先去為小山招隱計予竊意先生名位方駸駸日上未之許也既而先生果署上考擢刺符離按即鳳陽府之宿州晉武都按即甘肅階州直隸州著声甘涼間羣公子英英鵲起擬科第如摘頷髭家門鼎盛而余日就衰憊以資格踵調秋浦不一稔量移來黔嗣是天涯地角迴若參商追思十年前攀襟把襼文酒相娛此樂渺如隔世而小山之約乃不可復問矣上年秋黔省需才大中丞上封事請簡放牧令十人時先生以服闋需次京師巍然首列余得邸報狂喜累日越數日而手書至知抵黔中則又大喜恨不能奮飛今年正月適奉檄赴會城首晤于都所握手相看喜極而涕昔劉夢得謫播州柳子厚以為非人所居太白長流夜郎千古哀之之二者黔即其境今雖漸染聖教

大異曩時顧川原險巇風土惡劣不宜暮齒以先生之賢且才且老迺復踵余而來度亦必有大不得已焉者嗚呼此可悲矣舍館定則又晨夕過從如池陽時先生除出其丁巳後所爲古近体詩如干卷命序於余余受而讀之益沈雄瑰麗至老不衰而於友朋聚散生死之際尤悃悃款款若出天性蓋先生篤于誼而深于道固應言之有物如是余因思自抵黔來瀕于死者屢矣歲癸丑代庖黔西忽幻脹腹膨脝脛大于股溲溺不通卧床褥者百晝夜棺櫬已具求速死而不死病稍瘥以泉政役上駕艨艟一十有八歷巴渝夔巫之險兩崖插天放乎中流捷若飛隼白浪掀裹石齒齒林立少觸即糜一日可數死而不死洎丁巳境内苗禍起狼嗥豕突所至蹂躪蟻聚十里之外烽火

照城傳言滅此朝食以一介書生佩弓刀且戰且守誓与城死五閱月而又不死而待先生之來又得讀先生之詩以灑濯其心胸而增長其魄力可不謂大幸歟抑吾兩人固有未了之緣初不以萬里窮荒阻耶然則昔者小山之約異日終得踐焉殆未可料也辱先生命愧不知詩他日梓而行之自有能論定之者爰舉吾兩人宦游來離合蹤跡醜縷如右嗚呼其可喜也夫其亦可悲也夫

振宗謹按此公為息園公第八子母徐太恭人府志有傳見前傳記類是為還雲堂第二代母儀此公即其撫養成立母子皆享上壽又得賢孝何太恭人為媳婦子孫繁熾科名鼎盛最為有福有壽者也是集為其第三子山臞先生述所刊並刻

其伯父三山詩草彙為一褒五册周氏序文皆從性分中流出此宦游文字交不可多得且亦有遺事可徵如此公改官台拱同知初以為鄙遠據此序乃知檢發貴州由外題補者故他序皆節去前文此則備録全体以見兩公當日交游之雅匪比恒泛云餘並見後山臞公刻書跋（光緒廿九年五月廿三振宗偕姚家棣父老訪此公元孫穀生先生得見此公遺像清風道貌瀟洒出塵望而知為文人學士之非常者）

見貽吳姚氏譜遺之八四

紹興縣志採訪稿

還雲堂詩集跋

姚杰

先君子少喜吟咏，至老不衰。生平所為詩凡一千五百餘首，以宦遊四方未暇編次。乙丑自黔中告歸，删少作四百餘首，僅録丁酉以後詩八卷。其丙申以前四册，以体格与晚年不合，尚有未愜心語，乙其處以俟改。嗣患目疾，不克握管，未幾捐館舍。所存前後各稿迄未删定。杰反覆尋繹，凡骨月之離合，友朋之聚散，以及宦轍所至，山川土俗与夫草木鳥獸[illegible][illegible]異，一一見之于詩。于境無所不臻，于体無所不備，而出處本末皆可于篇什間考而得之也。蓋先君子無他嗜好，研心風雅者六十餘年，故致力也專，而取材也博。平生詩格凡三變：少壯時詞采声調於唐之中晚為近；中年以後宗法杜韓，而出入于香山、眉山之間；晚歲酷嗜蘇詩，所作五七言古体往〻得其神髓洵長公所謂絢爛之極歸于平淡者观所録八卷中諸体兼善或浩瀚而雄奇或高潔而沖淡要皆超然绝俗有深造自得之妙誠非少壮諸作所能及顧窮達異境忻戚異情情隨境遷而數十年後猶歷〻可溯者賴有詩在耳先世遺集雖残章賸句猶欲録而存之以殷百篇之多而因体格稍有未合遽行議删使一生出處本末闕焉未備豈為後人者所宜出此況清思麗句泉湧雲蒸固擅中晚人之勝而卓然可傳者哉迨自隴而越自越而黔往還數萬里正西南戒嚴之時以赤子弄兵潢池諸大帥皆作壁上观坐失事機上勞　宵旰先君子見聞所及發為詩歌忠愛之忱所由見視少陵夾風朔雪之篇義山玉帳牙旂之作何以異焉是集仿昔人編年之例惟先君子已删者不復録入

餘皆按年月先後以次編輯起乾隆乙亥訖嘉慶丁丑得古近体
詩一千有二十首釐爲一十二卷鋟板行之以見詩隨年進春華
秋實前後正不必盡同而一飯不忘終身孺慕實有合于興观羣
怨事父事君之旨非若世之称詩者惟事吟風嘯月流連光景而
已也毗陵周蒙香先生素工詩与先君子爲文字交同官十餘載
時相酬和所爲序叙次綦詳語復真摯故特録于簡端惟序爲庚
申歲黔中所作家藏數册凡赴仕後二卷皆先生所未見是以序
中均未之及原稿尚有題詞數十首以皆當時顯宦而非深于詩
者概置弗録惟冀　騷壇耆宿錫以弁言俾是集得以傳世行遠
杰感且不朽丙戌四月八日男杰謹識以上從丙集刊本卷末録出丙戌道光六年也
見紹興姚氏譜遺文十八

憂畏軒詩卷跋

先少保公詩古文章素盈箱帙乾隆己巳冬祝融為虐家藏手澤舊物頓成灰燼椒□□念及不勝涕零嘗讀杜工部古柏詩有不露文章世已驚句因思先人豐功偉畧久載旂常固不必以詩傳也癸巳冬十叔少逸自浙来和之西梁談及家事于行笥中檢出少保公手書自著詩一册披誦數過悲喜交集益知公襟期磊落險阻備嘗其詩本乎性情形諸歌詠墨瀋之外别具一種奇氣雖千百中僅存什一亦足以想見生平今幸先人筆墨得不泯没斯正有數存乎其間者矣對此瓊林片玉敢不倍加珍重敬繕一册謹付梨棗以質世之□□□癸巳季冬上浣曾長孫椒敬跋

白门古漁後學陳毅題辭并序序畧曰少保姚公竹帛書勳旂

常僭爵載　國史而登家一永讋八閩而震諸夷無傒山人倭述也令曾孫木齋從戎與余廿載神交燕雲漂渺長江天塹楚水迢遞作十千沽酒之歡訂重九登高之會掃除東閣上坐□□謂二晩山長延接四賓旁陪江令謂盧舟茂才同携蠟屐飛翻天门載詠黄花論怀官署于是以臨岸之手筆拜褒鄂之遺容白髮丹衷想見名臣風度朱文緑字拓開萬古心胸敬題今体四章聊當先賢三爵其首章云天□□□絶妙辭傳來奕代想英姿殁留餘憾慷詩少遺稾僅五十餘首生不逢公恨我遅萬里鯨波初靜日十年民物再甦時艱難盤錯何窮事閩海而今尚口碑其卒章云昨歲論交少保孫書来招我上天门清江白雁雲千里蚏月黄花酒一樽官署地偏間士卒僧楼鐘近報晨昏如君才可稱儒

將不負先人手澤存以上從憂畏軒詩卷首末録出者

見紹興姚氏譜遺文十五

憂畏軒遺稿　姚啟聖著

寄生草　姚啟聖繼室少沈氏著

振宗謹按此合册從穀生先生家藏寫本録出原册遺稿十二版有半寄生草七版合十九版半每半板十行行或二十字不一首題表姪孫西湖虞潢録通体行楷書字大宜老末有息園公題識云此册付愈兒收藏庚子小春望前日陶書願世世子孫永保無斁按庚子為康熙五十九年時息園公罷官客京師長子愈在家祖母少沈氏太夫人為授室之年也見憂愧軒自叙文咸豐十一年正月故運河道里人宗稷辰題七律一首以當跋尾光緒十年二月餘姚楊峴應穀生先生之請籤題憂菴大司馬并夫人合稾又書永保無斁四大字于

册首副葉誌家訓也其他餘葉及行間各緘既止公以下列代印記無慮百數十方燦爛可觀穀生先生云昔年嘗刊板印行兵火後印本失去而此册幸得全是為還雲堂二百餘年傳家之二寶余十子便短汲深謬欲修譜因而得遇先生餽茲眼福使先代遺亡卷中增入不傳之祕其為欣幸胡可言喻憂畏軒詩凡六十七首皆香山罷官後不得志時所作首一篇香山八咏第三首云妻殞兒亡官亦無知其時公元配何太夫人已前卒長文公尚有弟不禄按豢愧軒自叙戊寅冬葬先少保公何太夫人于漓渚相家嶴一兄一姊祔所謂妻殞兒亡者謂此也嘗流寓惠州之西湖為香山未了事數至其地極困時至斷炊典衣賣婢再鬻妾嘗役人至八十口僅存六七人此遺事之可見者最後視師吟十首

含情草十首其文皆美人香草纏綣流連有若香奩体而其寔別有寄托非知當時情事者不能喻其指意當如孟子所謂不以文害辭不以辭害志以意逆志斯為得之視師吟似在漳州破刘国軒之後訌耿精忠等恇怯哭泣者含情草則康熙二十二年破澎湖降臺灣之時訌切施琅皆為公極隆意之作也含情草之卒章云楊々眉宇上餘恨在秋波指施琅攻澎湖流矢中目之事詳見傳記第二碑此尤為明顯者

寄生草皆作于公薨之後其送春詞句云死如蘇生是寄不啻自叙其集名凡詩三十二首詞九首皆淒愴之音而辭嚴義正心如死灰廿六歲為未亡人撫庶出十一歲兒成立課子一首自寫其心曲所期者如此而十年來未至四十髮已

白矣以此列之終篇或當日手自編定者欲原本既合爲一冊因亦不别爲編通合爲第九家事蹟詳見豢愧軒自叙亦抄入先代傳記卷中自叙之文不能全録而于此太夫人之事首尾凡叙見一字不遺此爲還雲堂第一代女宗迹其行事雖在列中壘列[illegible]義賢明傳無愧色焉漢光禄大夫劉向撰列女傳爲古來傳列女之第一家凡八篇其首二篇曰母儀傳曰賢明傳今有傳本見四庫全書史部傳記類中還雲堂舊譜以寄生草爲公元配何太夫人作不知何以傳譌若此今見是冊確有實據因亟于譜系中更正之

壬寅重九日縠生先生又出示憂畏軒詩别録本合情草十首中附有刻本異同字句与前所見合冊本不同按刻本爲乾隆三十八年公之曾孫椓據此公手寫本付梓有刻書跋

見後第十五家如此公于此詩一再詳審當時傳寫不止一
本故各有不同余前言爲公極經意之作于是益信因重抄
坿入異同如前　見伯昊姚氏譜遺文九跋

山矐詩草二卷秀峰詞一卷　　姚杰著

振宗謹按此公爲宇清公第三子由進士官福建數縣終于河南温縣令山矐詩分上下二卷约畧凡四百篇秀峰詞一卷凡八十三闋今録詩三十三首詞一首殿以詩序及刻書跋如右　見紹吳姚氏譜遺文十八

紹興縣志採訪稿

木齋詩文稾

姚椓著

振宗謹按此公為熙止公嫡長曾孫事蹟見前還雲堂譜第一篇譜云著詩集一卷即此此為其再從孫穀生先生所録存凡古今体詩五十七首似皆官石樓營及西梁山時所作今録出數首餘皆不関於譜事具在本集此公于乾隆三十一年官和州參將時嘗以熙止公行述閩頌彙編徵文于隨園老人見前傳記顛末二十九篇其從父宇清公継祖詩集中亦有留公姪椓詩見前第十四家至三十八年癸巳之歲叔父志祖道出和州于行篋中得見憂畏軒詩遂刊以傳世其友陳古漁為題辭于首而自跋于末穀生先生謂憂菴詩昔年有刊本今讀此文知即為此公所刊此皆當時軼事足

備後人探索者此公跋語云乾隆己巳冬祝融為災樓宇清公年譜記其事云乾隆十年息園公逝世十四年十二月二十夜老僕失火延燒堂樓憂菴公所遺書畫等物盡成灰燼樓憂菴公卒于康熙二十二年癸亥所留遺手澤文物迄是歲己巳傳凡六十六年而逢厄運亦足為後人惆傷者　又此公于乾隆七年年十歲時蒙　恩名見追念先臣　賞食世襲半俸見其從祖陶菴愧軒自叙亦見前傳記類第三十八篇見紹興姚氏譜遺文十五

鎣山賸稿兩卷

叙

會稽沈昌世著

瓚耳湘農少府名有年矣同治戊辰客長沙得相識並示以尊甫闻衣公鎣山賸稿益信少府之學之所自來也公以績學士橐筆走天下名卿大夫爭延之事無鉅細咸秩秩然理裁壬子館粵西興安賊至城臨遂死之生平富於文凡考古者數時者崇文教者紀名勝者靡不臻其善丙[illegible][illegible]洋勦賊之畧尤臚舉有成算洵經國之才而傳後之作也夫不得志于名而游其藝于幕傷已所箸已等身而所存僅什一尤可惜已少府鐫公稿題曰賸則讀公文者猶不見全豹而窺其一斑烏足以盡公所學哉雖然公之大義炳日星英毅薦俎豆又豈藉以文傳哉傳此數十篇其因委溯源

也可奉賢袁瓚敬識　見鎏山牘稿卷上

兼山堂經解四卷雜箸一卷詩三卷詞一卷　會稽沈棋雪友著

叙

讀經心解四卷會稽沈雪友先生所箸也其解易師卦小人勿用云軍旅之際如必欲得忠信廉潔之人則智謀之士勇銳之夫皆將棄而資敵若袁紹之許攸趙宋之張元矣小人勿用者勿用以帥師而已解書贖刑云所謂疑則贖者謂疑于情疑于法非疑于詞也五辭不簡自有正于王道之法若情法既孚而猶論贖則富者生而貧者死開利路而傷治化蕭望之之言是也解濬畎澮距川云以禹迹而論河之所瀦止大陸澤耳與江之有諸湖異而于餘年無河患則畎澮為之也治河必先自畎澮始今以大河南北之地而開畎澮以匠人丈尺計之其受水處不下洞庭彭蠡諸湖

則下游之勢殺矣解以雍𡍳一㫖曰明種云孔傳謂周公治太平致告文武夫君臣交儆日愼一日豈敢以太平告之宗廟予蓋成王相宅還鎬告于洛邑之廟也解礼記分争辯訟非礼不決云若今律犯罪親屬得相容隱盜則服愈親而罪愈輕姦則服愈親而罪愈重若止以听訟釋之以爲未盡其他類此者尚數十條皆務通大義粹然無疵亦間及于形声訓詁先生壯後爲幕游究心當世之事爲梁沖泉司空百菊溪節相所倚重嘗言以陳臬湘南先生在幕中將各所縣苗寨險易情形纂爲一帙後二十年苗變起當事得其書藉資方畧人服其先見乃讀律之餘不廢治經復健于詩多可傳之作其志行可想見矣余獲交于哲嗣昌期因屬爲勘定遺集余方廬墓山中故不論其詩而揭其解經之大指於簡

端

道光二十有一年孟秋月道州何紹基書于九子山廬

見兼山堂集卷上

兼山堂詩集

叙

自古詩人多出幕僚如工部在蜀昌黎在徐皆以大手筆為諸侯賓客而樊川玉溪亦以碧雞白鳳之才寄跡青油飛書走檄蓋自古才人不遇萬里壯遊有江山之助而無軒冕之羈故筆墨間往往有奇氣然則求詩人而于朱扉畫角間固一時著作之林也會稽沈雪友先生本故家子弟從諸名宿遊得究心經義詩古文詞旁魄該洽靡所不綜家貧數困場屋乃歷聘郡国憲司為名法之學以經義治獄多平反又洞悉地形地歷善決大計以故諸鉅公貴人多引為上賓如梁沖泉司空馮康齋方伯皆折節与先生交而位高望重如百文敏公亦与先生稱莫逆酬唱之作見于集中

且為之傳先生則治書之暇肇箋擊鉢逸興橫飛又好游名山大川探幽遠勝吊古排徊故其為詩渾雄清深沈著排戛蓋取法于漢魏盛唐而一以少陵為歸不俗不弇卓然正聲其必傳于後無疑也余夙耳先生名顧未得親見為憾其嗣君闻衣茂才薄游桂海出先生遺集相示余受而讀之見其思沈力厚讀破萬卷其蘊蓄不第以詩人畫而就詩論之則已清劉雋上波瀾老成非世俗筆驕之徒所可共語其与樊川玉溪並垂不朽也雖曰不宜闻衣制行醇篤工吟詠有名父風余固知斜川之集必繼老坡而傳又豈特擅書之訓謹守勿失哉先生兼工倚声清麗之句不讓三八又三影附編于後云

道光丙戌冬月吴興葉紹本叙于桂林使署之延翠亭見兼山堂詩集卷下

借箸雜俎

叙

會稽沈清旭著

漢書言法家者流出于理官信賞必罰以輔礼制名家亦然其時列于藝文志者如李子申子慎子游棣子言法家者凡二百十七篇鄧析成公生尹文子公孫龍子言名家者凡三十六篇夫三代以前敦龐之治尚矣降至春秋戰国人心不古機械日生非用嚴刑峻罰不足以懾刁悍且非桀驁狡獪之風孔子謂道政齊刑苟免無恥顧亦不能廢而不用者亦聖人救衰世之微權也然習名法家言而不根柢于孔孟其不至刻薄寡恩者有幾人哉班氏曰刻者為之則無教化去仁愛譥者為之則鉤鈲析乱斯言誠不誣也沈湘農先生績學能文蘊奇負異屢躓場屋乃習名法家為諸

侯上客晚年彙其佐治公牘及序記雜作裒集成帙函示于余受而覽焉其公牘則通達治体詳慎而不涉于煩苛其雜作則覈核羣言淹博而不流於泛濫經濟學問体用俱全非根柢孔孟而能如是乎使得出其所學以從容展布于廟堂之上則大用大效其有裨于時局者又豈淺鮮哉先生与余家世姻其尊人閬衣先生瑰識瑋材以名諸生運籌大府帷幄嗣以髮逆之變殉難吳安大節懔然炳燿千古先生承家學而紹清芬樸攸[illegible]行与古為徒不与時茍合其根柢之學尤有立乎其大者而不僅于著述見也然則覽是書者無徒以名法家視先生庶幾有以見先生之深也夫

光緒七年五月善化韓炳章謹序　見借箸雜俎卷一

越中七才子詩鈔序

金塘詠宿魏文士古風步躒西園鉄鎖吟江唐賓客今体豪推南
省從来詞客騰數肩應一例詩評劇談賀白然而贊肝五代志核
三分寶釘則謔引荆隨青瑣則綢空韓賓洛妃平視作汗髡翰碁
客相知羣蓋罕敢而高臺公讌亦慚長坂之遒蠻公丞歌莫洗乡
都之薄遂使華池蟬翼並晚升堂綺席梨花翻思争坐蓋鑑朦乡
錫則水甌寧喻其超而蜀魄黃金斯苦絮莫流其摯所以徧師易
入共宅徒誇妄於岑子之綿岑祇愧杜陵之有杜也嗟乎厥分鋒
樹豈無竹箭龍門蹊硯青柯詎槐芙蓉仙掌類推刻燭代著積薪
石麟後左　軼郎官而跡史始寧披篠掩太傅之薔
薇　許公之鵷鸖要皆灵紓勞佚旨判毫氂草堂之潰

污皆真柳柱之雲干始訬何況金池性溢一空　柳疎杉舉植神
行剔趍坡凡坂馬固宜鍐凌考石煜晒雕瓊指南皮作河伯之醽
評西塞為尋人之腊如刈君之鳳岡詩集是已若夫石楠點筆鑄
但詩僧練帳藏香㨗惟律祖聯璧人於東館短轅剗賭騎羊撦玉
滿於西崑細雨偏賡身熊…即壇嵦茶晏几擘茗轅嵗訪古寺於
海棕繪春江於沙鴨而嶮巘未歷馳騁多构載無墨翟之囊悋之
唐衢之涙叔褐来幽事無非滿晥松花遁莫濃〻肯〻過千條楊柳
此誠反胃之哇多柳亦嗥飛之疾痼也君則釜山石古銳發銀編
快阁垣高欣支土甑斛斯徵考工圖核器辨芒莖陳戸牖長者車槃
门褰筦席顧乃卯重卯〻士方失職而貧凄復凄〻天且困媛以
疾揄經綴社義已删詩應门慨穆氏之酥負橐恨齊卿之贅猶且

田荆姜紫涕潰亡琴蜀瓦埋香神傷寶琵而徒与雪軒文士硯井騷人酬松扇於青帷壤室之中步羽觴於渌水春溪之上將蒼茫獨立動心之增益良多而悱憤交乘觸物之纏綿自至矧又炅軀陶穴博選方洲釀璧塚之十車緯唐籤之萬卷淵藏無價泣自成珠椎

嗟應積銑以故寓悲歌於蓟綠興倍祖舟杜深愛於藍書堪齋陶藥渲大幻總楬靈炅劍舞公孫一蘇渾脫而茫茫感遇的拟射洪渺渺之懷人卓公湘水唐安草長續遺挂於黃門究委山高銘畸人分青壁光生緯纏勁發吰噌即此數章尤欽四绝視彼集矜汝雒才訝東平誦雪裏之高山賦園中之珍木殆枉承白傅之褒亦浪峙黄初之盛矣嗟乎吾郡山横東海夙隐方千瀬接西陵向遊謝客放翁萬首毿毿花下之巢秘監千秋歷歷湖陰

之宅一觴一咏具列前賢如玉如金合繩往跡猶憶越臺片壤周鼎初年遺民長玉璽於東南名士簇繡囊於淮海荒陵吊古梨州則韻遍冬青峰淵遊仙梅市則工滄水碧山房炷寶逸迸三張江寺枯花綺傳大厂蕉峨題扇錢太學在頭陀夢境之间竹樓春彩毛西河踞蟲弋樵書之木刀至黄龍道者直木貽編金雀滙人唫紅探篋而維時是也甫及弁分尚從卜夜之燈差覩生風之袂既乃老成凋謝声律榛蕪清新别倣金元蜜綴專求之晚蛩吟敗菊誰尋白嶽香灰鴉噪寒梨虚説青藤墓瑠方謂廣陵絃歇永绝徽音流徽人殊更無和曲何幸鮫蒲新樣追雄鏡浦樓臺龍鼎餘酣再振蘭亭壁壘一函目怵萬丈芒寒非徒元五字之強宗不且壯千巖之靈氣欲至小窓讀曲旅館眠燈或復脇於雲安间取材於

藥轉不知換移鎖骨妙具化工奪換珠胎正存巧變平原辭贍綏
声悉茹東阿韋孟憂深諷諫原規小雅栗里之鵁鶄丹木迷尋記
室源流蜀川之草色黃鸝酷似扶風忠義抑且賡徽總集歷據徽
言証墳素之緒談袂管綜之奧趣柳仍仿國藴恰摹莊永和与金
谷爭長暢訓以竹林肖体悟善鳴於堅石鳥蟲衍東坡之佳文數
遺大於江東驪筰敍西夷之奇傳更乃詩義之榛山苓隰楚畹印
以椒蘭象辭之小往大來貝池寓其鵬鶚殆若探花窨蜜第留香
藥醇精煉汞成金總脫丹砂騰滓極諸參互例彼詩騷諒為作者
所同然詎曰斯言之欺予若乃新售海內志在流傳艷付伶歌心
期爭購叩門款〻析簡頻〻句美玉之序權生為太乙之卜楊子
則山中小冊業遂嘉名醉後枯毫便移謎語翠崖（崖）之罔可裂定翻

鉄遂以鷩人丹山之鳳欲來謹署璜臺而位子

乾隆癸未歲三月望後二日竹巖胡浚撰

越中七子詩鈔蔣士銓定甫選

李堯棟著述之富

李中丞堯棟嘉道間賢大吏也官川滇最久屢樹邊職績其為人實恂恂儒者任館職時讐校精嚴為高宗所知一代日人撰日下舊聞考表文高宗亟稱善嘗為雲南山川地理圖二卷夷人圖二卷圖後各系以說又嘗纂修四川通志詳實不蕪又嘗購書以惠湖南嶽麓書院之弟子又於江寧建長干橋繕莫愁湖而誌以詩文築補梅亭於湖南節署以誌嗣美梁文定之名蹟宦轍雲馳風流四映儒臣應如是矣

以上見小橫香閣主人所輯清朝野史大觀卷十

縣志採訪稿

徐維則自都門輯錄

王孝子繼穀詩一卷　其兄子獻孝廉所輯錄余老友沈曉湖廣文訂定之而寧波知府宗君源瀚刻之者也孝子成就卓卓本不藉詩以傳其詩亦非經心為之其工拙不必論而余於孝子之事則有深喟者不能以無言也當孝子之自湛也所懷禱神之疏有曰晨昏侍奉尚有諸昆似續宗支已延弱息從親地下自有餘歡身後毁譽在所不計烏虖斯言也可以感天地泣鬼神其壹意孤行不特無驚世駭俗之心下亦不求諒於人者也自子獻持書至京抵余余固深知其心未嘗欲為之旌於　朝也既而大司寇吳縣潘公知之謂余必為之上請余以孝子事非　國家詔孝之恒例恐持文法者格之因告司寇以所難司寇乃徧言之禮部都察院諸堂上官而總憲鄞童公桑梓也余與邑人鮑敦夫吳介唐兩編

修合詞呈都察院為之詞者余門人恩施樊雲門庶常也其文哀感頑豔受詞者京畿道御史豐城傅君大章讀之泣下即日呈其長而司寇復促其即日入告乃數月不得報余以語户科掌印給事中渾源張君覲準詢之臺中則都察院已移禮部禮部持例駁之矣傅君力争之其長官允又參言之大宗伯漢軍徐公且約大司空常熟翁公助之言而終不得也夫子之封股藥親女之未昏守節及自殺殉夫皆例之所不得旌也而比年來各省大吏之入告者盈千累百皆朝奏夕　可未有所靳也然則諸公之斤斤守文法尺寸不敢踰者固以見大臣之謹畏而於　朝廷激揚名教之意未暇深思也抑或封股之隱昧及殉烈之日月尚可以疑似先後之間善善從長據以入請而孝子之死坦坦明白者乃轉

恐其傷孝而促蒸民之生則持法者亦固有所不得已邪孝子之
死在鄞〻之士夫無不憮然敬嘆知府宗君尤賢之具狀申巡撫
請特疏　聞亦再上再駁至今年四月同郡刑科給事中嵊樓君
譽普始以孝子與定海孝婦藍柴氏等彙奏即日得　旨下禮部
予旌自是孝子可以論定而吾知孝子泉下之心慱匿然有所未
安者何也蓋孝子惟知盡其子職而余等轉以求名之心累之致
世之以繩墨為匡濟者持孝子以弄其文法而不肖之徒或以反
近名為口實是大可痛也然則孝子此一卷詩之傳不傳又烏足
論也余與孝子為姻黨交其父兄獨未識孝子亦罕見孝子之詩
甲戌之春子獻入都言孝子於余詩皆能成誦余乃以白團扇寫
詩以奇之今觀此卷中有感知詩一篇酬余〻亦未嘗見則孝子之

闇莫不求聲氣又可知也光緒七年歲在重光大荒駱畢皋月李

慈銘叙

見會稽王孝子遺詩

五周先生集跋

廣生錄五周先生集竟而記其後曰盛衰之理固難問諸天哉吾悲夫吾外家周氏之衰吾因為是錄以不忘其盛也廣生少孤不獲承先大夫之彝訓其粗解文章由吾母啟之也廣生所受教於吾母皆吾母所受教于吾外祖者也廣生不為是錄豈惟負吾外祖其負吾母也寔甚外祖昆季八人其知名者五曰文之先生曰復之先生曰涑人先生曰昀叔先生最稚為吾外祖季貺先生自其曾祖及其祖父皆以科名仕宦世其家至外祖昆季而益大舉進士者三舉孝廉者一皆官監司刺史至二千石門才之盛可謂難哉曾不廿年皆零落無存存者惟吾外祖而又歷嶔坎壈以被劾褫其官前年舅氏雲將死去年遺孤已孫復夭折而五先生之

五周先生集跋

無後者且過半豈君子之澤斬于五世歟柳夢〻者天固倒行而逆施歟廣生十一二歲時昀叔先生官粵東最屬愛嘗曰阿靈有我家性阿靈廣生小字也去年廣生畢婚瑞安外祖以書招之曰來吾以寡息託阿靈矣嗚呼可以悲也夫人不幸至絕其子孫則所恃以傳世者惟文章耳然即以文章言作者牛毛成者麐角世之人又厚于古薄于今揚子雲草太元劉歆笑其自苦甚矣後世未易言也柳吾聞之太史遷著史記百三十篇曰藏之名山傳之其人遷外孫平通侯楊惲祖述其書遂傳布焉意者斯文元氣不可磨治則區〻者或感傳于其後亦可知而不可知者也可知者人不可知者天廣生之所為者人也光緒丙申夏五外孫冒廣生

見如皋冒氏叢書

五周先生集目

藝室詩録　周沐潤著

訒庵遺稿　周悦修原名源緒著

傳忠堂學古文　周星譼著

漚堂賸藁　周星譽著

東甌草堂詞　周星譽著

窳櫎詩質　周星詒著

見如皋冒氏叢書

五周先生集目

姓氏爵里志略

周沐潤字文之號柯亭行一河南祥符人祖籍浙江山陰道光甲午科解元丙申　恩科進士官江蘇常州府知府

周源緒字復之號訒盦沐潤第三弟道光乙未　恩科舉人丙申　恩科進士官安徽安慶府知府

周星譼字涑人號神素沐潤第五弟道光癸卯科舉人官安徽無為州知州

周星譽字畇叔一字叔雲號鷗公沐潤第七弟道光甲辰　恩科舉人庚戌科進士翰林院編修兩廣鹽運使司鹽運使

周星詒字季貺一字曼嘉號巳翁一號窳翁沐潤第八弟官福建建甯府知府　以上均見如臯冒氏叢書

右周先生姓氏爵里志畧

五周先生集叙

夫弟兄競爽自古難之郊祁軾轍世所豔稱至于花萼之集合為一編同傳千古則尤其難者也稽之前代有兄弟二人為一集者如唐皇甫冉皇甫曾二皇甫集是也有兄弟三人為一集者如宋孔文仲孔武仲孔平仲清江三孔集是也有兄弟四人為一集者如宋柴望及其從弟隨亨元亨元彪四隐集是也有兄弟五人為一集者如宋竇常竇牟竇羣竇庠竇鞏聯珠集是也乃今又得之于祥符周氏周本吾浙山陰人寄籍祥符遂為汴中著姓其兄弟八人知名者五余庚戌成進士與昀叔都轉為同年友則其于兄弟行居七者也余留京師日淺故雖與昀叔同年且同官翰林又知其能詩然未得與之唱酬也同治之元余至京師與昀叔相見

五周先生集敘

始稍論及詩旋即别去其後與昀叔同寓姑蘇時相過從然昀叔又不久下世矣其弟季貺太守宦游閩中余有表姪戴子高茂才主其家極相得與余書屢言季貺負才名有奇氣所為詩詞高出儕輩又喜收藏金石書籍字畫手自校閲精審絶倫子高落落少許可而心折季貺如此余又知季貺之才也比年以來季貺亦與余同寓姑蘇竟未一見韋李艮坤澍若楚越吾兩人之衰老亦可見矣今年春冒鶴亭孝廉見余於春在堂乃季貺之外孫也以周先生集見示則自其長兄柯亭太守至季貺之詩皆在詩皆不多蓋掇拾於蟬斷臭朽之中非其全者涑人刺史止有文而無詩惟昀叔存詩一卷詞二卷于昆弟中為稍多矣嗟乎五先生皆曠代逸才而所存止此亦可悲也然詩文皆自能成家不染近代浮靡

五

之習則此一集亦如精金美玉其光氣固不可埋没賓氏聯珠不得專美于前矣五先生中惟季覎如魯靈光巋然獨存余雖良老幸相距不過數里尚願介鶴亭而從之游也光緒丁酉仲春年愚弟俞樾書於西湖寓樓見如皋冒氏叢書

五周先生集敍

傳忠堂學古文識

傳忠堂文意慕唐賢李皇甫孫三子顧其流寖入於前明之公安竟陵詞致幽峭纖曲讀之使人悵然不歡又惘然若有所感爲文如此不謂之工不可也雖然非中聲也文僅數篇或少之惟少故佳爾數十年來言古文者類宗桐城稍異趣者即抵掌談笑於先秦諸子出於二者之外而别趨荒寒僻澀之一境其亦毅然自爲者已山陰汪瑔識

見如皋冒氏叢書

傳忠堂學古文　周星譼著

傳忠堂學古文識

徵刻童氏兩世詩集啟

夫干鏌之采不厲則不銛萍綠之光不發則不顯諫以埋珠於土潛鮫泣秋見金於庭神虎避席矧腐毫走甓悴哉一寸之心發篋鑿楹鬱爲兩世之業夏侯冠大小之號司馬習父子之傳東坡爲元祐大宗而斜川嗣其響山谷乃江西鼻祖而伐檀泝其原觀裔觀梓宜雅宜風油然緗素之光美矣削青之烈而乃陳編蠹積舊業巢傾慨手澤兮俱遥奉心香兮莫爇剩有一編尚存天壤可無同志廣爲流傳冀將伯之助予使微言之不絶　先外曾大父筠巖先生號鄉祭酒　外大父菉村先生爲名孝廉餘馥猶沾藥籠植科名之草故家何處門庭隊舊衍之椒綺札不芳青燈已熄著有敬慎堂合集共得四百餘首寫自烏闌之紙猶珍用晦軼篇搜

諸蠹簡之餘不墮華嚴卜刃惟棗梨之未付恐簡策之終湮是用
仰干　先達敬告同人或親登扶風之门或積有北海之雅少分
鸖料倂顕鴻篇庶幾編昌黎之集知韓门大有傳人訂陳留之書
即羊氏感且不朽敬啟

此篇乃表叔沈素庭師玉書遺筆他日梓童氏詩宜坿刻簡
端　光緒甲申八月二十九日緐香識

童氏兩世詩傳

宗稷辰譔

童筠巖先生諱聖俞嵊邑庠生後遷居會稽之富盛邨改名鳳詔富盛亦有兩童氏一系同於李一係同於張不得而詳也先生安貧樂道好為古詩鄉也未之見今其外曾孫沈生玉書守遺稿僅二十二首其詠懷之什思義俱古類左太冲阮嗣宗之所為七言歌行似初唐人雖所存甚少知其志趣固不在魏晉下矣所著曰敬慎堂詩鈔子震有聞於時

震字青岳號寶音一號菉邨年十四即克為里塾師十八為會稽諸生二十五歲登乾隆乙卯副榜又二十六年登道光辛巳鄉舉先生館剡中久士多成就文前見賞竇學使後見賞莫山長詩非所長而外孫沈生藏其少作有玉溪遺響在里门结泊鷗吟社壬

竹留京師館內城與黃笑山劉𣙜園結楸社為詩課是冬遽卒於館子祁齡嘗奉其晚年詩之都下示稷辰福齡後落魄家人俱亡遺稿散失有沈生不得見者君世為儒宜有後而慘焉中絕手校經史藏女家與中郎同恨噫嘻悲哉見敬慎堂詩鈔

童氏兩世詩稿跋

右敬慎堂詩集二册賦一册先外曾祖筠巖公及先外祖菉邨公作也兩公俱有名于時菉邨公以名孝廉教授越中率多取科第去兩世文章俱有法度而滌師序筠巖公詩爲尤勝予家所藏寥寥無幾此三册乃孫紫玖丈見示丈與先舅氏隣舅氏家中落書籍斥賣殆盡丈以一金購得兩世遺著庋笥中二十年而予因過從見之洵幸事也外祖所輯衡董録凡六七册先母在昔曾爲不肖道及今亦藏丈家敬識于後

咸豐甲寅八月望後三日山陰沈玉書識

身見兩世詩集之次日孫紫玖丈慨然見贈真盛德事也不特外家感且不朽即予後人亦世世頌之玉書復識

童氏兩世詩稿跋

繼香自幼習聞家尊述外曾王考童菉村先生品高學邃能書善詩工帖括教授郡中門下極盛多有顯貴者益受其先德筠巖太翁庭誥卓有淵原又具知人鑒嘗見我先王考裴山府君文字奇賞之許以愛女爲府君繼室而其幼女則歸沈石樓太翁即素庭師玉書之母氏也先生雖負文名而久困場屋晚年始登道光辛巳科鄉薦壬午冬遽殁於都門未幾其嗣薇園先生福齡亦殁慘焉中絶遺箸散亡孫子九丈埰居與相鄰偶得寓目購而藏之素師則從孫丈處乞得敬慎堂詩鈔三册賦鈔一册蓋童氏兩世所僅存者也咸豐丁巳素師館我枕戴山房出眎家尊泉我根仙先兄并予撰徵啓正謀集資付梓而戊午之夏師歸道山我兄則奉

持維理九月斜橋老屋灾我兄弟自火中攫出之幸而得免洎辛
酉六月我兄捐館九月赭寇據越緫香蒼黃出走遑問楹書同治
癸亥寇退歸覲東光坊寓廬則書室淪為馬廄遺編精槧什九隳
成糞土矣甲子移家還郡脩我牆屋抖檢叢殘將付之烈炬而浮
於大江也忽從故紙堆中躍出遺詩兩冊喜出望外又惜其不完
數月後顧君亦史來館濯夢樓復得一冊於鼠穴中素師撰啓亦
存焉于是兩世詩鈔不啻珠還劍合惟賦鈔則終佚矣於虖二公
抱瓌奇磊落之才世濟其美乃既不克伸其志於生前復覆其祀
于身後天道信難知矣而戔戔吟艸雖遊歷兵塵燹火猶得轉輾
流傳其不盡淪為劫灰者幾希豈物之存亡顯晦有定數耶抑亦
兩世精神所萃自有不可磨滅者在耶緫香去春偕計捧是編之

京冀得其高第弟子以爲之序而終已不遇特宗滌窔所撰詩傳早已刻入躬恥齋文集而是編尚未壽之棗梨若再因循以致湮沒則負罪滋大敬綴數行於簡尾以志傳刻之不容或緩云時同治八年歲在己巳陽月既望王繼香子獻琫書於婺郡校舍

童氏兩世詩稿跋

素庭師元跋云棻村公尚有遺著衡董録六七册亦藏孫子九丈家繼香心馬藏之壬午秋末繼香奉内諱自鄞還里會孫丈亦自閩歸扶杖枉訪始知衡董録已失於辛酉之亂僅存公手抄張文端公聰訓齋語一册明年孫丈復持以見贈已而陳補勤丈宅憂里居謀續詩巢香火證因録繼香忝襄其役既出是編相眎并詳具童氏兩世名氏里貫俾之祔祀詩巢焉猶憶先君嘗言公昔游京師家書久梗一夕其弟子楊雲芝明經夢公函與從儀衛甚盛云赴四川城隍任翌旦趨叩公家則其家人夢皆協久之訃函月日果符（楊君此後一再夢公問答甚詳具載拙著醉盦鳩異中）公聰明正直其爲神也久矣詩巢俎豆特其餘事焉耳是編元分三册曾囑漢嬰族父録副一

進藏[illegible]家而元本度之亍篋往来南北者幾四十年屢思授梓力絀不貟今值素師悲嗣錫卿表弟客滬爰浼其排印行世以代琱版詩霧有知其太鑒而恕之乎光緒癸卯紙月朔夕再葉外孫王繼香又跋於往流集榷舍

元祕史山川地名攷十二卷

會稽施世杰著

自叙

元祕史十五卷不著撰人姓氏其紀元太祖太宗兩朝事迹至為賅備惟文辭鄙俚未經辭人譯潤故數百年來知之者尠近世順德李仲約侍郎始為之注釋藁經四五易而尚未有傳本余自束髮受書即喜讀輿地之書而于西北徼方輿則尤為惓惓家中藏有靈石楊氏祕史槧本暇時取而讀之苦其地名之佶曲聱牙乃編加攷訂譯以對音證以今圖偶有所得誌于書眉如是者六歷寒暑戊子冬為友人邀往吉林襄理案牘事蔵乃驅車徧游外蒙古各牧地身親目驗屢加攷易是書乃粗具大略然猶闕之簽衍不敢遽以示人也忽忽已十年矣侍郎之墓亦將宿草祕史舊注仍

米棐行余友奉賢阮君惟和劬古士也作秘史地理今釋就正于諸暨陳太守邇声太守奬其勤并引仲約侍郎之說以正其譌余亟取其稾讀之見其與余說合者十得八九間有不同處乃更推究秘史上下文以證明當日所行之地埶余說誤者則釐正之侍郎暨太守之說證以秘史而仍不合者亦不敢附和之往復咨商漸就條理友人見余稾者輒慫慂付梓謂示讀者之準余堅謝不獲因舉山川地名攷先畀劉氏并為之記其端曰於虖讀元史難讀秘史尤難元史書成六月備畧滋彯開國諸紀尤為疏舛秘史以當時野言志軍行寔事雖樸拙繁瑣而本史紕繆頗資是正官書采進豈為壼誊然而烏焉塞目叢襍侏離雜讀之端厥有數事一則同地殊名譯無定字兒而峬之不同扯撒撒之無別阿因勤

即為阿亦惕兀勒厌又為浯沏厌一鄂介坤河也始曰斡兒洹繼曰斡列該一呼哈烏介也前曰忽勒荅後曰阿剌兀巴勒主惕亦曰巴勒渚納康鄰兗兀又曰康里委吾不會其通幾為所惑難讀者一或則名似同名地非一地統格黎克与統格理之小河寔異巴兒忽真与闊勒巴兒忽真又殊不兒罕既非不兒吉岸撒阿里復非撒里畏兀字音似近準向寔殊難讀者二至于音有短長字分多寡土兀剌原為土剌阿勒台又屬按台印度也而為欣都思矣欽察也而為乞卜察矣語苟昧夫急言緩言字每脫于二合三合難讀者三若夫字經繙譯蒙夏混淆闊闊納浯即蒙文之青海阿勒台嶺寔彼語之金山唐兀河西原為一部女真金國豈云殊方一篇之中前後錯出[illegible]尋繹歧誤終多難讀者四況字湮坤

塔吶水經未載源流川勒合申地志不詳基址雖可取證他書旁
徵往籍然以張石洲之精覈誤以不兒罕爲汗山何秋濤之淹通
又以撒阿里爲薩里默深淵洽烏尒會与烏尒匝不分仲約專精
脫蜜木与託穆科相混自揣檮昧未敢謂補苴罅漏發揚要眇祇
就管見疏其異同加以條核廿年片帙藉質通人當代閎達賜之
箴言斯企予望之尒光緒丁酉仲夏會稽施世杰自叙

光緒丁酉孟夏鄦鄭學庐栞

元秘史山川地名攷目録

卷一

騰吉斯水

斡難河

不兒罕山

統格黎河

濶鞠巴兒忽真

豁里禿馬敦即豁里禿馬惕

阿里黑兀孫

𠑽豁察黑温都兒山

兀良哈部

巴勒諄阿剌

部亦連山

捕魚兒海子

闊連海子

兀兒失溫河

豁兒豁納川

迭里溫孛勒荅黑山

扯克撒兒赤忽兒古兩山

卷二

帖兒古捏山

乞沐兒合河

别帖兒山

谿兒出忺山

古連勒古山

桑沽兒河

合剌只魯格山

青海子即闊闊納浯海子

容魯漣河

兀剌黑㗫勒邊㗊

不兒吉地岸

土兀剌河即土剌河亦曰秃剌

卷三

騰格理小河

不兀剌客額兒

斡兒洹即斡兒豁水

薛涼格河

塔勒渾阿剌勒

合剌只客額兒

勤勒豁河

箴兒乞惕脱里河

不而罕合勒壕山

孛脱罕孛斡兒只

塔納小河

阿因勒合剌合納

巴兒忽真

阿闊兒禿主兒不

合察兀剌禿速卜赤惕忽里牙禿速卜赤惕

忽勒苔合兒崖子即阿剌兀惕

卷四

札剌麻山

斡列該不剌合

撒阿里

阿剌兀惕土兒合兀嶺

合蘭巴勒主惕坦卬之勒渚納

晳列揑即者剌揑

乞那思

浯沕札河

忽速兗失兗延

合澧沕海子

朵羅安孛勒荅兀

迭列兗口子

卷五

阿勒灰不剌阿即兀勒灰一曰浯沕灰

額洏古涅河

刊沐連河洲

額埋堅𩜪列兗

兀乞惕牙

濶亦田

忽巴合牙

忽禿忽

帖兒速

合刺温山

合申

古泄兒海子

亜河

禿兀唐兀

荅阑捏木兒格思
乆魯格只惕地即溼魯格沕

卷六

巴兒忽真脫窟木
兀魯黑塔黑
濱谿黒水
阿勒台山
忽木升吉兒
兀瀧古河
乞溼沕巴失海子
巴亦荅刺黒别勒赤兒即拜荅刺黒

合剌泄兀勒河
額埒兒阿勒台谷子
帖列格禿口子
忽剌安忽惕
者者額兒温都兒山即者析額兒
別兒客額列
卷七
卯温都兒山
合剌合勒只惕額列惕地即合泐合合兒合合勒合勒等河
忽剌安不剌合惕
統格黎小河

勺兒合勒崑山　忽剌阿訥屼

三河源

阿兒合勒苟吉

析兒合不赤孩

卷八

阿不只阿濶迭格兒即濶迭兀阿剌勒

的的克撒合勒

涅坤水

川勒

帖蔑延客額兒

客勒帖該合荅

康合兒合山

康孩

合池兒水

塔米兒河

納忽山

察乞兒馬兀惕

合剌荅勒忽札兀剌

卷九

台合勒山

阿來嶺

額兒的失水

不黑都兒麻

僞魯山

額兒的失水林木内百姓

卷十

客列亦惕國

撒里黑崑

林木中百姓

失黒失惕

萬乞兒吉思種

失必兒種

忽刺安不合小徑

橅州

野狐嶺

宣德府

居庸關

龍虎臺

北平等郡

東昌

莫州橅州山嵛

潼關

汴梁

卷十一

北平失剌客額兒

燕京

大甯

女真

浯剌納浯二江

討浯兒河

篋力克王城

不合兒城

申河

巴惕客薛城

子母河

巴魯安客額兒
阿梅河
兀籠格赤城

卷十二

兀都剌兒城
阿勒壇豁兒桓山嶺
亦魯等城
倣出黑扯運城
巴黑塔愓種
欣都思種
阿魯種

康鄰等十一部落
亦的勒札牙里二水
乞瓦綿客兒綿城
阿兒不合
搠斡兒合惕
賀蘭山
西凉
雪山
兀剌孩城
靈州
高麗
嶺北

光緒丁酉孟夏無鄭學廬蔡會稽施世杰著

筠厂文選會稽陶式南著

序一

余嘗語同志曰昔陳子昂初入京不為人知以千緡市胡琴集衆宣陽里具酒殽會食畢舉琴碎之而以文軸徧贈諸食客一日之内聲華溢都邑時會稽式南陶子在側謂予曰子於今日無子昂之千緡又乏之酒殽以會食諸貴客不凍死亦即餓死尚握三寸管如秋夜寒螿月明烏鵲鳴鳴唧唧無休時耶余笑而應之曰唐人重才雖一藝一能相與驚傳贊嘆故子昂得以借胡琴出奇市名若今日不唯文軸者所用即得千緡以市胡琴求一聽者不可復得矣夫握三寸管不免於饑寒而死與不握三寸管亦不免於饑寒而死孰若清風朗月興則斗酒雙柑自適於花鳥禽魚之際耶

「人無不死死則當作一靈鬼倏然飛騰散而爲輕雲聚而爲夕雨蘇惠風於穠李皓雪於疎梅游龍翔鶴不猶愈於蠕蠕而蜒蜒者耶且予志非子比無藉人知行當效劉蛻作文冢以埋之耳陶子乃槃然而起曰允若茲因出其所懷詩古文詞一卷曰此亦君所云饑餓之餘也曷弁其閒噫陶子其蹈予之轍也夫夫俞子不合於世饑不得食寒不得衣名不出於十室之邑陶子其性情顛倒耶而亦爲是耶其尚冀隋氏之珠和氏之璧足以勝碔砆燕石耶抑尚謂當世之好惡可以移而易之溯而洄之耶詩曰我心匪石不可轉也又曰予聖誰知烏之雌雄而乃爲是役也不幾蹈俞子之轍也夫雖然陶子工時藝蛾眉瓠齒粉澤爛然已膾炙於多士之口以是爲千緡之胡琴炫諸貴人之耳目然後徧贈其文

軸當必有緣好而恕其所懸者矣此則陶子之可以自信而余亦有以信夫陶子之必售也陶子勉乎哉山陰俞毓彥和氏題於東籬寄傲之舍

序二

以文定其人也不若以人定其文以人定其文尤宜以其所以為人者定其文也吾於陶子式南得之陶子為會稽華族爵第蟬聯蓋自石簣先生外無論隱顯類皆有集於斯秀傑絶倫為陶子者正甚難耳而陶子自幼竟以秀絶稱僕以性僻孤往甲申後尤不輕交一人然竊謂與天下光明俊偉況博卓犖之士遥會隔聲氣通也丁巳春以山游渡袁川時陶子行游澤畔偶然一揖而後乃今得晤陶子自此即得讀其全集嘆其為天下士也然此一嘆也

紹興縣志採訪稿

才一揖時則巳心有此嘆矣始也以其人而定其文既也即其文而定其人且即其所以為文與所以為人者以定其交自矜王生能相天下士也凡士一見而無以傾人者外有餘而中不足也一見而不即與人以可測者中能備其有而外能滅其無也僕與陶子乍見而木木也既別則思而不能去及見其文則又以為盡日言別盡日而未嘗別也讀其時文而中有陶子也陶子出入經史烹煉百家然即以是論其詩文猶之乎外之觀其詩文也冀得其質則不離忠孝正直者近是至其設想之卓守氣之純寄興之遥以為激昂蓬勃也者則又以為冲容都雅以為嚴冷峻絶也者則又以為風流宕貌也者考槃獨樂靜俟風雲有奇賞世外者披其集定如漢天子見子虛賦將色然有恨不同時之嘆矣則我言其

先聲也潞湯弟王雨謙題於浣雲潭閣

序三

余遺落世事爲當時散人平生知友多攜詩文過從杯酒花前語無拘忌式南則傾囊竭篋凡有嘔心所得與縞紵所投一字一句必余手定乃始繕寫入集甚有名公先生素所許可偶在芟夷之列亦悉聽之不少惜式南秀望會稽其先世率以文章顯淵源家學下筆有法則婦翁白岳王先生得之蒔雲樓中嘗爲余言花之韻在幽野佳人之媚在慧想吾輩之筆墨在性靈雕繢滿眼與臥紫堆紅粉白黛綠爭艷一時不足貴也余之選式南詩文也正如此入蜀之明年乙亥十一月十四日寓蜀錦里諸葛井街與客夜飲酣且寢矣懷舊忽及之則起而寫而燭花記漏已入四鼓電裂

十、光雷聲隨墮鞠陵俞公穀

自序

余作文不喜示人，然喜示知己能直言者。於友則得三人：俞康先、史華青、許又文，取其能相同也。於前輩則得延邃王先生、大鴻蔣先生，取其能相反也。同吾辯也，反吾正也，由此而存吾文，文之可存者鮮矣。及申誌以上見《越中文獻輯存書》之六第一頁

王載溪史論序

載溪王先生越名士也居平讀書不屑屑章句而上下古今輒能窺其得失成敗之故放筆千言要皆有關世務非淺見眇聞所可測識自尚友來忽忽二十餘年矣文孫孝先持所著詩草及史論請序於鄉先達雲岑張君雨楓王君而猶以史論一書未有專序請夫兩君雖未專序而無功倪先生則已一一評騭之倪先生故吾鄉所推為祭酒也屈伸去取不事標榜獨於史論稱可垂世嗟乎三都賦得皇甫而昂貴洛陽烏夜啼遇賀監而感泣鬼神先生史論得倪先生一言而已傳矣復何余言之足重輕哉康熙辛丑九月下浣里門八十六拙耄陶及申拭目拜手序

俞祖臣云平康小野縱無奇秀之觀而布置閑雅自足供人矚

眦以上見越中文獻輯存書之六筠厂文選第十四頁

跋周氏傳家集略

曉邨周子録其曾大父謹堂先生丈父象益先生尊甫緝堂先生詩集各一卷將較訂付刻因以示余余請題為周氏傳家集略遂為書識其後周氏先世自山陰遷居吳江名節清官代有聞人經堂先生逸才奕世記朱夫人勵節撫孤卒成令名象益先生負經濟才歷聘封疆節鎮多所贊畫名聞　憲皇帝朝以諸生召授縣雲南知州未補官卒緝堂先生克紹家學冠為名諸生屢薦秋闈不第年甫强仕以貢生終三世潛德未曜而皆文章皆足自致不朽不幸家燬于火遺書灰燼曉邨幼孤無由得聞庭訓長有知識思纘先人遺業數十年來遍訪所知或從抄寄或得口授合以殘帙殘稿輟輯為編僅成三卷蓋其搜之勤而得之之難如此良可

州也康熙中年浙西學者咸中宗秀水朱氏彝尊朱氏於文博綜貫串具有依據同時如新城王氏士正之詩長洲汪氏琬之古文辭與之並驅方家駕而學極富有囊括洪侈則羣推朱氏漸染所及聞風興起後進之士斐然成章謹堂先生配朱夫人為朱君女衆（象）益先生之配其從孫也女兩世婚姻甥舅中表之間互相師友故其聞見灑然異於流俗雖名位不顯於時而祖孫父子咸能自若字學世德有所憑籍以冀必傳于後詎不為一時之盛歟平湖陸檢討奎勳誌象益先生稱其文似歐陽陸君又定先生詩為四卷文為二卷而序謂大江左右興廢利病為當事草奏往往見于施行皆不留稿某君為緝堂先生作傳則云善詩古文成稿輒散秩（佚）嘗陳江淮水利上於當事見經世之大略是則先生父子學有

體用不盡著於師友切磋即使詩文盡存已惜經綸政事不得與賈誼陸贄諸書並傳後世而并此詩與文辭付之一炬而區區三卷僅存灰燼之餘則亦可謂不幸也已然觀歷史文藝者著録古人篇籍傳於後者十不二三固緣傳鈔繁苦不如後人雕板易行緣家無世學即有能繼況志者不過一世再世亦云盛矣未有百年受授傳及曾元而猶能志先人志學先人學如曉邨之生承其後不獲躬覩其盛而猶能于殘篇賸簡收入先人遺言毋失墜者是又不可謂非不幸中之幸也三世行業與詩之評定見於諸家傳志題序茲不復贅惟鈔本流傳字句間有訛闕曉邨嘗與知契數人相較勘者余亦參附一二其初各爲一集既合訂而題傳家集〻跋因附論其所以然者以質曉邨曉邨名孝垣吳江諸生紹其

[illegible]學旁治刑名家言客亳州幕余遊於亳與之言而有合於右因知其世範焉乾隆五十四年己酉仲冬之月會稽後學章學誠跋

見章學誠實齋文集卷三

刧火紀焚序　俞樾曲園

咸豐同治閒東南數千里淪陷於賊人民塗炭市廛煨燼論者謂黄巢以來所未有之酷雖　王師猋騰電發不四五年羣盜殄夷復覩昇平之盛然士之生其閒者辛苦墊隘則亦甚矣何君桂笙爲浙東知名士余主講詁經精舍君曾與肄業焉雖未謀面而讀其文固已心識其人比年來君薄游滬上頻以書問往來承寄示刧火紀焚一卷蓋紀辛酉壬戌之亂者也當是時越中失守君崎嶇戎馬之中奔走鋒刃之下而適有包村義民曰包立身者以搏力之法聚衆自衛與賊相持其地與君所居鄉密邇賊往來必取道焉一月輒四五驚嗚呼殆矣事定之後乃追紀以詩凡得七言絶句六十大首至今讀之猶爲心悸在當日可知矣包村事言人

人〃讀君詩則知官軍收復寧波及嵊縣上虞餘姚諸縣皆包村牽制之功而其敗也則由於困守孤村而不知扼守馬鞍山之勝自其始起事以至於敗皆歷歷言之又包立身之名聞海内而包村後有地曰古塘其民曰陳朝雲者實與包村爲犄角微君之詩知者罕焉異日修志乘者表彰忠義舍此曷以哉是亦可爲詩史矣嘗讀元人周霆震石初集郭鈺靜思集敘述至正中兵戈饑饉之狀流離轉徙百世之下如目見之君此詩殆與異曲同工乎然彼皆白首流離君則大亂之後復游於化日光天之下韋莊詩云且對一樽開口笑未衰應見泰階平而君竟及見之其遭逢勝古人遠矣

光緒八年春二月需上六爻直日曲園居士俞樾書見清何鏞劫火紀[illegible]焚

劫火紀焚序

沈寶森曉湖

李杜之詩卓越於古今豈不以忠愛見哉然李杜豈樂以忠愛見者亦遭時不幸使然也當開元初元宋勵精為治九齡未老韓休在位貞觀以下於斯為盛爾時李杜在列亦惟賦行樂於宮中製清平之新曲太清朝享南郊有事雍容揄揚一代承平雅頌之音也玉環潛入李楊繼相極熾而豐孽芽其閒相臣將臣外內猜甚幽燕之變遂萌柢於深宮於是蜀道之吟羌村石壕之詩作矣然則李杜忠愛之忱亦不幸遭時之變也今何君之遭變何其幸歟峽山何氏自有明以來纍代簪紱君濡染家學耽於古作弱冠補弟子員文名籍甚咸豐之季粵逆潰竄於浙蛇豕游居衣冠塗炭君乃戴民部郎在籍襄辦團練以賊警乞兵走省省城陷自經嵊

紹興縣志采訪稿

出之旅舍嗚呼部郎襄辦者耳乃抗節不屈如此時君亦以父病扶持奔走紹城於九月二十九日陷君即於翌日奉諱國讐家難萃於一日槥簍之屬百險一具時又驚鋒四指見停櫬輒斫君聞益愕遂殯八里外某村君之盡禮於險難中又如此此以知世族名門未有不以忠孝傳家者然則何君作詩之本意可知矣君著有刼火紀焚一册計詩六十六首皆追叙賊中艱狀而於紀包村也尤詳夫粵逆之禍大創於包村立身一村泯當與中興將相分功不其偉歟且唐自豬龍兆禍六七十載而未息今則應時削定唐自朱泚輩以臣讐君今則山民亦敵王愾此以見　國家德澤之浹出水火而衽席之今君優游海濱得以歌詠昇平追述舊事以為戒亦遭時之幸也巳詩曰誰生厲階至今為梗閱是編者其

或免小雅之感矣

光緒五年歲次己卯九月上澣同里沈寶森曉湖氏書於漱緑軒

見清山陰何鏞捝大紀閱焚

紹興縣志採訪稿

劫火紀焚序

山陰何桂笙名鏞

自粤匪竄擾歷盡艱瘁事平之後每追記以小詩共得六十六章比年以來閒有散失思足之而未得暇今歲館於滬周生貢珊頗喜吟咏夏晚無事輒課以詩因取舊作拾遺補缺重加删潤命貢珊録而存之非敢云詩聊以紀實并誌今昔之感云

同治十三年歲在閼逢閹茂且月高昌寒食生書於申江旅次

紹興真志本言柔

題壬癸尺牘

壬癸尺牘者章子於壬午癸未閒肄業成均與同志士往反論文筆札也章子於文事初無所能泛覽涉獵之餘間有以窺見古人所用心第内不加充而外無所礪又性好持論貴識大體不欲求工于文字語言以為末務此其所以歷年老大終不能磨光刮垢以抵於成也既入成均自謂攻舉子業可以邀榮一第而向之所習置不復講矣而一二同人窺見舊業輒太息恨相見之晚因與早夕商榷指畫陳說又学舍去南城十里以遠時以尺牘往復相評衡其間多有趨詣未到姑以其意約略論之有如古人所為屠門大嚼取快筆端殊可笑也無何請假出都索處蒲騷僑寓文卒大年有成而論文之稿爛然盈篋笥矣自慨飢寒奔走卒不能一

尸〻處道遥償其宿願秋杪又有秦州之役矣因命故人札錄簡草為一帙非敢遽謂定論以志近日之所見云爾噫文字知交酒杯意氣為歡幾何而風雨山川人事離合升沉顯晦之故時出沒於其間以此思情情何如也乾隆癸未季秋朔日 寶南外集卷二

跋酉冬戌春志餘草

起己酉十一月二十四日霧雪夜寒訖庚戌二月三日僅花釀雨得大小雜著文稿二十一件占流水簿紙三十六番值裴使君修亳州志命掌故鈔書因假以繕錄脫稿行有楚遊錄本當攜行笈此稿即藏於家因書其後余自辛丑遊古大梁所遇匪人盡失篋

攜文墨四十四歲以前撰著蕩然無存後從故舊家存錄別本借抄十得其四五耳自是每月所撰必留副草以備遺忘而故人愛余文者亦多請抄存副墨嘉善周明府青在山陰史修撰仰邨鈔藏尤多大興朱孝廉少白稍次昨歲過維揚薦師沈鹽使先生亦令人鈔存新舊文四卷雖在家有無互軼未必盡全然十可約八

但己亥著校讎通義四卷自未赴大梁時知好家鈔存三已有數本及余失去原稿其第四卷竟不可得索還諸家所存之前卷則互有異同難以懸斷余亦自忘真稿果何如矣遂仍訛襲舛一併鈔之戊申在歸德書院别自校正一番又以意爲更定則尚諸家所存又大異矣然則今存文字諸家所鈔寫保尚卅稿本必盡一耶嗟乎書有異同不待著書之人身後因念古人之書存今日者不必盡古人之實矣夫語言文字如春之花春自去於花何有況余文不工譬之野草閒花安敢妄期久遠惟歲月易逝生平閱涉多見於文積而存之他日展玩用以自鏡功力有無長進則玩時曠日之愆得以少贖亦未始非進學之一助也見清會稽章學誠實齋文外集卷二

跋申冬酉春歸扐草

戊申之冬自歸德書院將遷亳州因裒録一年所著分别撰述與雜體文字各為一冊而一時隨筆所記與因請而給者不及裝冊己酉之春則又奔走不遑間有撰著亦復不能以類相從三月之杪下榻太平使院為孫使君校輯宗譜丹鉛之餘日月稍暇乃出囊草倩傭僕抄之書字拙劣猶愈杈牙結草不復辨行列也題為歸扐草則以每年所著各自為編用驗學力有進與否此冊所存不申不酉文亦雜出不分類例象閏餘之歸奇于扐也嗟乎歲月蹉跎如此易過童心猶是而人見之者謂余叟矣檢視前後閲涉大少長進能不滋荒落之懼歟己酉四月之望書於使院之百穫軒

清會稽章學誠實齋文外集卷二

紹興縣志採訪稿

姑孰夏課乙編小引

起四月十一訖五月初八得通義内外二十三篇約二萬餘言生平為文未有捷於此者是正為徐太史經紀家譜頗有傳志文字亦並不相仿也桐城張中翰小令左選貢良宇皆一時名雋朝夕比屋而處皆有文章之役暇則聚談談亦不必皆文字而行機觸興則时有所會殆如夢惠連得春草句亦且不自知也此編皆專論文史新著十一篇附存舊作二篇本與甲編同時雜出特以類例分之　見清會稽章學誠實齋文外集卷二

紹興縣志採訪稿

癸卯通義草書後

自七月初三日置冊結草訖九月初二日閱兩閱月而空冊已滿得書七篇分八十九章三篇不分章者不与總得書十篇計字二萬有餘用五色筆逐篇自為義例加之圈點性不善書平生著作皆倩人繕錄此間書院生徒本少善書者又皆游惰不知学業命之繕錄都是勉強應命是以不肯過煩勞之又七八月間生徒散去應順天鄉試此冊所草竟無脫稿之人故草稿作字皆疏朗清徹其更改多者則用粉黃塗滅舊跡改書其上行款清疏無毫髮模糊晴窗把玩亦殊不惡至逐日結草一章甫畢朗記早晚时節風雨陰晴氣候庶他日良閱並憶撰著时之興會而日月居諸歲不我与則及时勉学之心亦可奮然以興若其著述之旨則得自

祇亦隨其意趣所至，固未嘗有意趣時亦不敢立心矯異言，惟其是理慊於心。後有立言君子或有取於斯焉。自此以後，更有著述，又當別置册矣。乾隆癸卯季秋二日書於敬勝書院之東軒，於是日卓午天晴雲闊，鸖聲噪簷際也。見清會稽章學誠實齋文外集卷二

涌雲山房乙卯藏書目記

先君子少孤先祖遺書散失家貧不能購書則借讀於人隨時手筆記錄孜孜不倦晚年彙所鈔記殆盈百帙嘗得鄭氏江表志及五季十國時雜史數種欲鈔存之嫌其之體破碎隨筆刪潤文省而義意更周仍其原名加題為章氏別本鎔裁亦費苦心又喜習書繕五經文作方寸楷法尤喜毛詩小戴氏記凡寫數本手不知疲嘗恨為此二事所牽不得專意鈔錄所未見書每還人所借有鈔未竟者悵悵如有所失蓋好且勤也如是然鈔書無多緣家貧為累自授經館穀至仕宦俸餘未有可以為購書貲者隨身三數千卷自乾隆辛未赴官湖北比歲戊子痛遭不祿十許年間檢校蒐無甚增也小子旅館京師嗜書而力不能致然戊子以前未

紹興縣志采訪稿

市宗累館穀所入自人事所需外錄積黍累悉以購書性尤嗜史而累朝正史部計二十三非數十金不能致則厝累求之凡三年而始全今檢其書則有仿宋板者嘉靖南監板者萬曆南監板者北監板者汲古閣刻本盧陵刻本及葛氏徐氏刻本凡七八種會合而成其函冊大小諸板新舊刻畫工拙參差不一殆於昔人所謂百柄琴者非第寒儉可憐當時數載辛勤亦可念也日後館穀漸豐而家累亦漸以重然計終歲之需日增耗抽稅必約算緯分存買書貲三十年來頗有增益亦間有古槧秘本繕鈔希覯之書統計為帙五千為卷二萬有盈以制子居室擬之度幾其茍合敂然而是書之存余滋感矣當己丑居憂舉家扶柩附湖北漕艘北上書篋為漏水所浸先人隨身所謂三數千卷者失三之一而余

先於京師所購補除尚有所餘辛卯壬辰之間余遊江浙都門凡
再徙家其書頗有散失先人劄錄多襲巾箱偷兒不知為書負之
以去尤為恨事所幸先人著述草稿別置一箱得僅存耳乙未余
自浙江復還京師雖有增補檢視手澤多亡亦得不償失矣辛丑
游河南比之匪人狼狽而反盡失行李及生平撰述而篋書亦有
一二佳本盡為盜資可歎息也壬寅主講盧龍自京師移家赴
邊關適有季妹之喪家人倉卒收書綑載未牢中途頗有損毀甲
辰移帳保定之蓮池書院自東徂西去以千里山程顛頓書笈復
有毀損如前戊申則主歸德講座家累乃自保定南遷檢點前後
存書又亡三十之一懊恨無已其冬遷家亳州僑居偪仄雞犬圖
雜置三楹廬舍箱篋壘駢無可展卷之地雨淋濕蒸飢鼠嚙木

移徙作嚮其為蠹耗鼠攈未知何歸亦祇順聽而已癸丑家累自亳歸鄉水程安穩余方遊楚私計卷軸從此著土不復遷也楚多材值木器價廉因製楠木書廚十二寄歸收藏精要諸書而余楚中又有所增比較先後視先君子所存殆十倍矣木廚不足棲以長板矮屋連棟又局於地蓋四十餘年遠道歸來葺居僅足容身器用尚多不給而累累書函乃為長物可概也夫因命兒輩稍分甲乙登注簿籍備稽檢耳未足為藏書目也標題滿雲樓書目存其志也南州地土卑濕書不時檢輒生蠹魚樓閣庋書則不甚蒸鬱余家無樓閣滿雲樓名則先人所篆私印亦有意為藏書地也誓當以漸圖之嗟乎自庚辰始賦遠遊於今三十六年余茲六尺之軀亦備歷崎嶇險阻顛倒狼狽極人世可悲可愕之境非一日

矣書之爲余有者乃亦如余身馳驅南北登涉水陸往復不啻萬

里備極荼僁不知何日得以樓藏架插春秋佳日隨意舒捲於明

窗棐几间發千古之秘珍快心知於獨對也書目以乙卯名者冀

日後增廣爲續目也見清會稽章學誠實齋文集卷七

紹興縣志採訪稿

王沂孫字聖與號碧山又號中仙會稽人有碧山樂府二卷一名花外集

以上見清烏程張鑑冬青館乙集卷八內擬南宋姜夔傳

紹興縣志採訪稿

徐維則自都門輯錄

曹江孝女廟志序

嘉慶十有三年儀徵阮大中丞承
命重撫浙江是秋督兵海上約鑑同行渡曹江謁孝女祠仰見棟宇式煥稱神所居既而鄉之紳士沈某等以廟志久遠失修缺略請於中丞先特撫部清公安泰於十二年因會稽士民之言乞
封號於朝得
敕旨為福應夫人益神自東漢以來二千餘載累膺崇典靈爽罔替誠不可以弗詳也中丞因命仁和優貢生金廷棟重輯之得若干卷按經曰人之行莫大於孝又曰生人之德無以加於孝乎蔚宗為後漢書特創列女一傳而神獨以奇孝著聞其間不可謂非體大而思精也夫劉向作贊徒傳仁智之圖腐史編書僅載懷清

之婦范氏所述不過三代直道之遺而今之巍然配食於廟中者一為上虞朱娥以救祖媪死載於宋氏列女傳一為山陰諸娥以雪父冤死載於明史列女傳後之秉史筆者確守其例一成而不敢變可見此心此理之同非孝道之大昌克異世而同揆哉褒榮光大列祀春秋宜茲鄉之不敢忘神貺而長願有以褒啟之也中丞顧屬鑑序遂書此以弁其端

以上見清烏程張鑑冬青館乙集卷五

徐維則自都門輯錄

董小池宋元印譜序 壬戌八月朔

摹印家仿古為譜蓋皆周秦漢印也魏晉六朝或間及之唐則罕矣況宋元乎山陰董小池以全六書之學名於時既精摹漢印矣又舉其所見宋元諸家印摹為帙而明印附焉以力追秦漢手而為宋元明印其神境何如矣吾則以為是有利焉有弊焉凡昔之摹古印者大都不詳其何許人也摩挲愛玩而欲傳之尚有未定為某字者今一旦暢然復覩米趙倪黃之輩爛然寶氣之溢目也奚翅起諸公而覿晤之此皆董氏雅好之緣也然而近世偽作書畫者往々苦鐵筆弱弗稱今小池此石一出其精神足以振而張之則吾恐自茲以往作偽者益得有所倚借矣然而為之奈何曰昔長安薛氏之摹定武蘭亭也嘗攙損五字以為驗以予攷之羣

字蓋舊已損薛所鑱字四字耳今小池摹鐫諸石何不略采此義以別記之庶使人享其利而絕其弊乎趙氏子昂一印上邊微缺一黍即此志也遂書此以為序嘉慶壬戌八月朔日北平翁方綱

以上見清大興翁方綱復初齋集外文卷第一

徐維則自都門輯錄

俞仲華撰蕩寇志

袁午橋欽使甲三過梁山泊詩云此地昔爲姦盜區叔夜掃平惟一鼓考施耐菴作水滸傳描寫宋江奸惡口忠義而心賊盜故世目爲姦淫邪盜之書羅貫中撰水滸後傳竟謂宋江是真忠義智又出耐菴下矣山陰俞仲華萬春號忽來道人爲邑諸生著蕩寇志力駁羅貫中書名結水滸從七十一回起至一百四十回止又楔子一回大旨謂宋江並無受招撫平方臘事只有爲張叔夜擒拿正法一句力破貫中僞言使天下後世深明盜賊忠義之辨絲毫不容假借此書雖係小說頗有關於人心世道華樵雲太守廷傑爲之鐫板刊行正堪與袁詩發明見海天琴思錄

以上見小横香閣主人所輯清朝野史大觀卷十一

徐維則自都門輯錄

書籍七

目錄書籍

庸義一卷論語義一卷孟子義一卷
學福齋詩説八卷
學福齋周禮覈六卷
樗庵筆記一卷
鷗堂日記三卷
咸同臣政録三卷
東鷗草堂雜文一卷
三國志校勘記八卷
南齊書校勘記二卷
北史校勘記四卷
瑞氐堂詩四卷

窳櫝日記

大麓吟艸

退宜堂詩集

湘麋閣遺集四卷

古越藏書樓書目

勤餘文牘

東溟校伍録

绿雲山房詩鈔

漢碑篆額

止軒文集初草

止軒文蛻初草

忘簝介槩草
醉吟草
醉龕詞峯草
醉龕詞集外草
醉龕叢草八種
越中古刻九種摹本
寓廬日記會稽張景燾魯封著凡十卷
越中贈別集
小螺龕病榻憶語
閑務全書續刻
香雪崦苹書二十種總目

群書斠識總目

霞外攟屑總目

樵隱昔寱目録

目録 由呂廣生寄來 廣生[illegible]人以爲周氏外孫 柳注

五月二十二日

柯亭子文集四卷 以下並周沐潤著 咸豐年閒刊 今僅存印本 板已燬

柯亭子駢文四卷

柯亭子詩初集四卷二集四卷三集四卷

復素堂文初集八卷續集四卷

復素堂詩集二卷

環齋文四卷

環齋詩四卷

養生四印齋文六卷

養生四印齋詩集二十六卷

學福齋周易義一卷尚書義一卷禮記義一卷儀禮義一卷中庸

紹興縣志採訪稿

義一卷論語義一卷孟子義一卷

學福齋詩說八卷 以上並周沐潤手稾 冒廣生新審定 未刊

學福齋周禮叢六卷

樗庵筆記一卷

鷗堂日記三卷 以下並周星詒著 此三卷已刻入江陰金氏粟香室叢書中

咸同臣政錄三卷 手稾未刊

東鷗草堂雜文一卷 冒廣生新審定 未刊

三國志校勘記八卷 以上並周星詒著 冒廣生新審定 未刊 廣生有序文另紙已錄

南齊書校勘記二卷 冒廣生新審定 未刊

北史校勘記四卷 手稾未審定

瑞瓜堂詩四卷 手稾未刊

竊櫝日記 卷數未審定 約十厚冊

三國志校勘記序　冒廣生

外祖周先生爲三國志校勘記積二十餘年歲乙未余禮部試報罷省先生於山陰亟詢是書則以余舅雲將君之遊傳書無託以其藁寄桐城蕭敬孚矣是年余從敬孚乞歸又二年鈎稽排比畧爲寫定乃序其大恉序曰校勘之學至　國朝人而極盛陳書裴注世號淹博爲此學者則有長洲何氏焯陳氏景雲仁和杭氏世駿趙氏一清嘉定王氏鳴盛錢氏大昕大昭陽湖趙氏翼洪氏亮吉飴孫吳江潘氏眉吳沈氏欽韓番禺侯氏康而道光間長樂梁氏章鉅乃彙輯各家之書依篇坿類復取宋元以後諸家及同時師友譔著有一二語訂明此書者皆捜采掇拾三國志旁証厥功甚偉然空陋者居大半識者病焉嗣是而長沙周氏壽昌又有三

國志注證遺之作顧其開卷複調被議諸條究亦何關考證也先生初時亦欲為三國志會要采獲羣籍斐然具體第以書成但多魏事吳已不及魏之十四蜀則不過十一名為三國意所未安又以嘉興錢氏儀吉已有成書求之多年迄未得見曰吾終未信盡善如唐會要也遂舍去不為而擬仿元和惠氏棟後漢書補注例為三國志補注然其志大卒亦難副乃取蕭常郝經續漢書（郝所見本遠勝蕭常且勝司馬光往往可籍校通鑑之誤）及宋元刊本佐以文選通鑑諸宋以先類書丹黃雜遝塗乙殆徧此瑞安孫仲容歎為抱經蕘圃未之或過者也獨念先生少時與諸兄舉益社於浙東一時名流聲氣求應高自題目慕東林復社之為人若仁和譚獻會稽李慈銘皆嘗訪（世）稱為作者也三十以後始一意為校讎目錄之學而於乙部專精

且久沒草莽實其秘復出越縵所得者何如也先生又嘗以陸佃尔雅新義校尔雅今年已七十尚理董南北齊書所著日記三十餘册多記　本朝掌故及先輩嘉言逸行旁逮金石書畫足資談柄焉

紹興縣志採訪稿

大篪吟艸序 大篪乃爲陳畫卿先生子名習沂字梯堂吟草刊兩卷

從來世擅才名者於字二王於文三蘇於畫大小李尚已必一身而繼美椿萱型於閨梱垂大名以有千古則自昔難之山陰陳大篪吾師補勤先生令子也纔通經便耆吟詠自言詩由母教實則六月失恃而有得於母氏遺詩也少長通六書攻篆隸究心金石精賞鑑雖齗齗鄉里而國聞朝政了然於胸不以章句儒自局此又東南擾攘時吾師敭歷中外與平寇亂經心世事以著述爲家法而大篪得之授受者年三十遊都下歷名山大川風雲變幻及京華宮闕文物麗都尚論千年俯眄群有舞蹈不足則歌泣隨之予方入翰林於吾鄉李越縵先生座中相與言退舍不遑見於辭色李指謂予曰此父風也補勤有子固宜爾越日同詣大篪所則

疊疊傾宵達旦未已奇其才其見重時賢如此篋中所攜漢魏名揭小品數十種以示陶子縝吳星齋潘伯循三太史率驚歎因索觀其所爲詩洗練精瑩胎息醇古駸駸乎師李杜而友長吉義山其言曰今之纖𦢊鄭哇也悲壯秦鳴也樸老媪談也若動出自然則小兒學語矣言次出吾師全集各贈一編校勘精工無點畫訛俗益以見大篪所學之有本而所詣爲不可量也嗚呼孰謂不浹歲而嘔心以死耶聞者莫不悲大篪之不年而顧有不足悲者則以大篪死而大篪之詩不死也抑更有異焉者吾師以能師傳則緣雲夫人之詩與俱傳大篪以能詩傳以能詩而死而益傳大篪之婦不能詩而以能死大篪傳則亦不啻以詩傳嗚呼謂非一身而繼美椿萱型於閨梱垂大名以有千古者與都人士由是爭題大

簏詩而并題吾師哭大簏詩予出師門交尤契而拙於詩於其集之成也不能無所言以弁其簡首其事則烏夜啼曲備矣予不忍復贅光緒庚辰九月同學弟鮑臨書於京師宣南邸舍

紹興縣志采訪稿

紹興縣志採訪稿

退宜堂詩集叙　會稽孫垓字子九著退宜堂詩凡六卷

吾友會稽孫君子九東南艾碩閎達大雅扶垚麟篆捫目(以)九夜陳勞牛耳執之卅季嘗與吾討文字之窔窅溯篇詠之指歸目(以)為繁絃襍弄声雌者調不高巉骨削膚意澀者格不茂憑珧利決風激電掣氣非不鋭也而安和之旨舛矣奇玉美光賴蜿紺凰語非不麗也而清真之理失矣别儁靚雅所得者深故其為詩也儲体亏淑結響不浮綏帶叔子之風裼裘太原之度幽鏘昳蕩無鶩無執君少慕正始壯而彌篤特珠粹璧積盈篋笥既丁兵火棗之流離雷電下攝天公惜此秘函烟雲等化心血幻為鬼笑記憶追録僅得二三雖雕雲五色膚寸即擢瑶樹千尺單柯已珍文章之阨亦云烈矣既而轉徙窮落呻吟破廬感念時事憑吊陵谷复踰嶺嶠

退宜堂詩叙

泛劍津飢驅瘴厲之天老作諸侯之客登樓望遠彈鋏思家焚杼鬱攸之裏俱流飈靄之韻至乃流連光景發揮雲烏故山無恙客路逢春藤蘿訪古落日無諸之城叉壺挈侶明月幔亭之酒葩采有發璚唱轉高嵗雲頽露所積遂富霜雪在冰（鬢）峻鶴相招南山隸臥雅趣猶昔乃訂其前後所作都為一集灵芬蔓錦清光照人礌乎定識不惑媚時之論琅然吐響何飾緣情之言雖把臂杜蘇坐論魏晋詎多嗤乎君抱通倪蕭乎塵外比者棲沖里門樂志山水嚭丸臬尾白骨隨身雲門若耶青巘方始吾與君苕岑之契松寒蹁貞方將厲牛鐸之響目（臣）應黃鍾騰蛤珠之熠藉引素魄則後之所得固當未艾今此之言又為息壤矣同治癸酉秋七月同社弟王詒壽敘

見退宜堂詩集卷首

湘麋閣遺集四卷　會稽陶方琦著　凡四卷光緒十七年八月鄂局刻　蘭當詞兩卷附刻

陶君小傳　復堂文續亡友傳之一　譚獻撰

陶方琦字子珍會稽人父良翰福建興化府知府君與兄方琯同治六年同榜舉人光緒二年進士翰林院編修督學湖南以憂歸光緒十年服除赴京數月卒于邸有子五人君澹雅綜羣籍篤好淮南經書治經究心鄭康成氏文章絕麗下筆滔滔如泉性尤服善人諷其失輒改定既上第退然劬學如初愛友朋山水悠然有千古之志視學日勤求賢雋惟日不足銳于箸書稾艸十餘種往往鰓理未竟已刻淮南許注異同詁許君年表而已年甫四十齎志以終亦其覃思廣遠精力易竭如自知其不永年故汲汲有若不及與

湘麋閣集敘

古越藏書樓書目序

人才之興必由學問學問之益端賴讀書蓋聞見廣斯智巧出服習久斯研究精也我　朝右文稽古卓越前代　純廟以天亶聖聰啟迪天下士民嚮學之塗特建　文宗　文匯　文瀾三閣儲祕籍以惠來學其時文明之化如雲興波涌四溢於幅員旁薄布濩而無外西闢新疆而回部效順安定大小金川而緬越讋慄懿鑠哉何其盛歟近數十年來環球各國市舶雲集聘使交通采風問俗徧及海外探知五大洲萬國盛衰强弱之由罔不視文教之興廢以爲準益恍然於　聖祖　神宗所以樹　國家萬年不拔之基者深識遠慮固非海島羣雄所能外此而别圖遠畧也所可惜者沿歷日久漸成具文海外列邦轉熟審天演物競優勝劣敗

紹興縣志采訪稿

之故各出其全力相爭莫肎相下法國巴黎書樓藏書至二百零七萬二千卷英國倫敦博物院書樓藏書一百十二萬卷俄國彼彼堡書樓藏書一百零四萬五千卷德國麻尼希城書樓藏書八十一萬卷而奧國維也納書樓丹國哥本海書樓美國華盛頓書樓比國勃羅塞爾書樓藏書亦皆數十萬卷且聞法國巴黎書樓書架積長十八英里英國博物院書樓書架積長三十二英里歲入樓觀書者約九萬一千人日本明治維新仿效西政亦不遺餘力其舊幕府之紅葉山文庫昌平學文庫初移爲淺草文庫後集諸藩學校書網羅内外物品皆移儲上野公園稱圖書館藏書亦數十卷歲入樓觀書者亦不下數萬人文學蒸蒸日上其獲與歐美列強並峙也豈無故哉方今　朝廷孜孜求治迭奉　諭旨廣

興學校東南諸行省集資建藏書樓者已接踵而起樹蘭自維綿薄平日購藏書籍雖僅七萬餘卷竊願公諸同好於郡城西偏購地建樓爲藏書觀書之所並酌擬章程歲需經費亦由自捐請諸疆吏上聞於　朝以垂永久明知蹏涔之水不足慰望洋之嘆區區此志猶望後之君子匡其不逮或由此擴充則爲山九仞亦一簣之基也光緒二十八年歲壬寅四月會稽徐樹蘭識

紹興縣志采訪稿

一品封職鹽運使銜補用道候選知府徐樹蘭呈

為呈明捐建紹郡古越藏書樓懇請

奏咨立案事竊維國勢之强弱繫人才之盛衰人才之盛衰視學識之博陋涉獵多則見理明器識閎則處事審是以環球各邦國勢盛衰之故每以識字人數多寡為衡方今

朝廷孜孜求治迭奉

諭旨廣設學校此誠興賢育材正本清源之至計也近來各省府縣次第設立學堂急公好義之士亦多捐資輔助職前於光緒二十三年籌辦紹郡中西學堂創捐銀一千圓妥擬章程以開風氣現已歸併紹興府學堂第念學堂教授學生每學不過數十人或百數十人額有限制勢難廣被而好學之士半屬寒畯購書既苦

於無資入學又格於定例趨向雖殷講求無策坐是孤陋寡聞無所成就者不知凡幾伏念

高宗純皇帝特設

文宗

文匯

文瀾三閣備度秘籍津逮後學由是江浙人文甲於天下成效昭然泰西各國講求教育輒以藏書樓與學堂相輔而行都會之地學校既多又必建藏書樓資人觀覽英法俄德諸國收藏書籍之館均不下數百處倫敦博物院之書樓藏書之富甲於環球一切有用之圖書報章亦均分門藏弆閱書者通年至十餘萬人日本明治維新以來以舊幕府之紅葉山文庫昌平學文庫初移為淺

紹興縣志採訪稿

草文庫後集諸藩學校書網羅内外物品皆移之上野公園稱圖書館聽任衆庶觀覽其餘官私書籍館亦數十處藏書皆數十萬卷一時文學蒸蒸日上國勢日強良有以也近來東南各省集資建設藏書樓者亦復接踵而起紹興統轄八縣綴學之士實繁有徒當此科舉更章之際講求實學每苦無書職不揣棉薄謹捐銀八千六百餘兩於郡城西偏購地一畝六分鳩工營造名曰古越藏書樓以為藏書之所參酌東西各國規制擬議章程以家藏經史大部及一切有用之書悉數捐入延聘通人分门排比所有近來譯本新書以及圖書標本雜馴報章亦復購備共用銀二萬三千五百六十餘兩大凡藏書七萬餘千卷編目三十五卷建屋凡四層前三層皆係高樓分藏書籍以中層之廳事為閲書所桌椅

器物皆備綜共用銀三萬二千九百六十餘兩又每年助洋一千元禮延監督一人總董其事司事三人分司其書規模粗具以備閤郡人士之觀摩以為府縣學堂之輔翼所需開辦經費銀三萬二千九百六十餘兩及常年經費每年捐洋一千元均由 職自行捐備當此開辦之初事關閤郡自應呈請

奏咨立案以垂永久所有擬設紹郡古越藏書樓緣由理合繕具書目章程照繪屋圖呈請

大公祖大人俯賜詧核

奏咨立案施行實為德便再 職係體念時艱為造就人才之一助經費均係自行捐備應請免造報銷合併聲明除呈明紹興府縣核轉備案外謹呈

計呈章程一本書目六本樓圖一册 以上見古越藏書樓書目卷首

翰林院編脩馬傳煦等呈
為故紳捐建古越藏書樓以開風氣而宏教育功在藝林公同籲
懇
奏獎事竊照已故郡紳一品封花翎鹽運使銜補用道候選知府
徐樹蘭獨捐銀三萬二千九百餘兩創建古越藏書樓並籌備經
費每年捐洋一千元業經該故紳繪圖造册呈明
大公祖大人察核奏咨在案該故紳具呈後旋即遘疾不起傳煦
等居同里閈確有見聞溯其生平行誼令即倡建書樓一端有不
能已於言者緣該故紳家僅中資當時厲志孝友慈惠見義勇為
紹郡自遭兵燹百廢待舉該故紳敬承母命捐貲增築捍海長堤
一萬丈惠庇沙民事聞奉

旨旌表餘如籌辦積穀經費備荒經費倡建嵊縣清節堂助脩三
江大閘光緒十一年法釁辦防該故紳奉
劉前撫院飭籌經費倡辦酒捐得銀六萬釀戶不以為病遂開今
日酒捐之先路惠周桑梓又復遐推昔年晉豫大饑東南倡辦義
賑該故紳首先倡捐千金勸集七萬數千金遂開越中義賑風氣
至今相承弗替此皆該故紳之行誼卓卓無待傳煦等臚陳無不
稱道之而佩服之也傳煦等所尤為心折者光緒甲午後
朝命兼采中西實學倡設學堂該故紳聞風感奮熟商傳煦等倡
捐鉅款擬借豫倉設立紹郡中西學堂延訪中西教習務以忠愛
誠懇為主禮聘督課生徒兼及譯學算學化學成效漸著事變突
乘各處擬設學堂多有作輟該故紳獨堅持弗懈至上年紹郡遵

旨應設中西學堂該故紳即將所設學堂歸併公溥為心士林欽服而該故紳欿然自視苦慮深思以士類衆多學堂不能不定額以為限制多士何所取資於是有倡建書樓之志遍訪東西規制不惜費用搜羅圖籍時未一年費逾鉅萬既得書七萬數千卷即捐金於郡城西偏購地建屋尅期告成商之同志擬名古越藏書樓訂定章程其常年經費欲置產取息以給力尚未逮仍由該故紳按照章程每年捐給洋一千元蓋至書樓告成而該故紳之心力交瘁矣該故紳向自住樓經理感疾仍不稍懈本年五月初十日病篤彌留邀集　傳煦等出示呈稿章程並命其子直隸補用道爾穀等擬捐常年經費每年洋一千元仍即照捐言畢瞑目其子直隸補用道爾穀等恪守遺命遵照稟定章程遍告　傳煦等一切

紹興縣志採訪稿

照常辦理謹條

奏咨俾資經久　傳　煦等倍深感佩之忱用矢表揚之願伏查定例

士民捐助地方善舉銀數在一千兩以上者例得

奏獎旌表今該故紳捐建古越藏書樓開辦經費銀三萬二千九百餘兩常年經費每年洋一千元為數既鉅裨益紹郡地方士子似並為江浙兩省倡首功在藝林合無仰懇

大公祖大人俯賜坿奏將已故一品封花翎鹽運使銜補用道候

選知府徐樹蘭量乞

恩施獎勵以昭激勸而順輿情出自

鈞裁除呈紹興府縣備案核轉外謹呈（以上見古越藏書樓書目卷首）

浙江巡撫任片

再據紹興紳士翰林院編脩馬傳煦詹事府右春坊右贊善鮑臨江蘇候補道阮祖棠等聯名呈稱已故郡紳一品封鹽運使銜補用道候選知府徐樹蘭前於二十一年捐款倡設紹郡中西學堂至上年遵

旨改設中學堂因即歸併辦理事半功倍士論翕然復以寒畯無力購書於府城西偏建立藏書樓捐置經籍史部及近日譯本新書中外圖畫報章凡七萬數千卷以備士子觀覽並擬置產取息以為常年經費會事未成而歿其子直隸補用道徐爾穀踵繼前規竭力經理計建屋購書置器共用銀三萬三千餘兩又每年認捐洋一千元以資應用茲將章程書目呈請奏咨立案前來臣維

講求實學必當博覽羣書近日東西各邦每於都會徧立藏書之
府資人觀覽與學堂相輔而行徐爾穀仰承先志購藏書籍至七
萬餘卷之多實足津逮藝林裨補教化查各省士民捐辦善舉有
益地方均准奏請
旌獎直隸補用道徐爾穀不惜鉅資成就後學尤與尋常善舉不
同應如何量予獎敘之處出自
聖裁除咨部查照外謹附片具陳伏乞
聖鑒訓示謹
奏以上見古越藏書樓書目卷首

丁憂直隸補用道徐爾穀稟

敬稟者竊職道接准兩浙黃運司照會奉

護撫憲誠札行

任前部院附片具

奏紹郡紳士徐爾穀仰承先志獨力建屋購藏書籍裨益地方請

旨獎敘一片奉

硃批著戶部核給獎敘欽此恭錄札知轉行欽遵查照等因伏讀

之下感激涕零惟查故父徐樹蘭創建古越藏書樓購儲書籍七萬數千卷合捐銀三萬二千九百餘兩均係故父在日一手經理已於告成後自行呈明在案職道仰承遺命認捐常年經費洋銀一千元原期歷久弗替何敢仰邀獎敘既據紳士翰林院編修馬

傳煦等呈請

奏蒙

天恩飭部給奬合無仰懇

大人俯賜

奏咨請為故父徐樹蘭核給奬敘以資觀感俾職道為人子者亦

可心安理得不失尊親之義則仰戴

逾格慈施歿存同深銜結謹瀝陳下情籲懇

恩准施行不勝屏營悚切之至專肅恭請

鈞安伏乞

垂鑒職道爾穀謹禀 以上見古越藏書樓卷首

浙江巡撫聶片

再前據紹興紳士翰林院編修馬傳煦等聯名呈稱已故郡紳一品封職鹽運使銜補用道候選知府徐樹蘭前於光緒二十一年捐款倡設學堂及藏書樓並擬置產取息以為常年經費其子直隸補用道徐爾穀踵繼前規竭力經理計建屋購書置器共用銀三萬三千餘兩又每年認捐洋一千元經前撫臣任道鎔坿片奏

奉

硃批著戶部覈給獎敘欽此欽遵在案嗣據該紳徐爾穀呈稱仰承遺命認捐經費原期歷久弗替何敢仰邀獎敘惟既蒙

天恩允准可否改為故父樹蘭核給獎叙以資觀感又經批飭藩司議詳去後茲據布政使翁曾桂詳稱查該故紳徐樹蘭生前已有補用道候選知府官階且得有一品封職此次若請改獎

紹興縣志採訪稿

按照部行亦祇有銜封可獎未免無所區別且捐輸銀兩未經議
叙旋即病故本有建坊示獎之條今該紳既請改獎似可援照士
民捐修公所及橋梁道路實於地方有裨益者請　旨建坊旌
表之例辦理擬將此案捐銀三萬三千餘兩准如該紳所請改爲
伊父已故一品封職鹽運使銜補用道候選知府徐樹蘭請
旨建坊旌表給予樂善好施字樣並將前次請給獎叙之案註銷
俾免重複等情詳請　奏咨前來臣復核無異除咨部查照核辦
外謹坿片具陳伏乞　聖鑒勅部核覆施行謹　奏奉　硃
批著照所請該部知道欽此　以上見古越藏書樓書目卷首

勤餘文牘序

道性情一語為千古，詩之則亦千古言文之則厥後曰體裁曰宗派曰氣息言文者愈精且嚴而為文者亦愈拘且失甚至塡砌詞藻以自掩其眞而性情愈不可見矣予幼困舉業尠著述少壯專力吟詠凡有所見悉達於詩輒謂五七言亦可運古詩即其文而屬文益僅論者比之杜少陵罕為無韻文予恧焉投刺齊門年且五十自念高適為詩中年未晚何獨於文不然檢舊稿僅得幼作一篇餘皆筮仕後建言論事之文友朋贈答之語及自記所歷而得諸聞見者率皆直抒臆脱質實無文踰時讀之益徵予氣質之偏而重予性情之過豈必出以示人耶顧其中數陳大旨發於性真下無苛刻病民之法上無阿諛茍合之詞自語語人亦復據理直陳無依回於世故十餘年來不以榮辱升沈少自貶損回憶弱冠受書束身名教面目圖自存也嗟乎貌言華也忠言實也言者心之聲文詞之於言又其精焉者也此豈可强託與且安知其膚慮一得不有合乎古而宜於今者顧以文之不工而聽其湮漫塗抹而無存與會校伍東溟長夏無事同人吳子海門嚴子少璜請删存而莊錄之得若干卷以附補勤詩存之後既又出平日同人晤對語別爲一卷不擇瑕瑜並錄之非惟就正於高明

且將存之究日以自鑒其性情而俟吾學之粹焉以
言乎體裁宗派氣息則敢謝不遑時同治癸酉六月
過閏補勤氏并誌於蓬萊行館

紹興縣志採訪稿

東溟校伍錄序

東溟校伍錄者予從少保丁中丞改定登州水師營制時作也水師出洋巡海舊已自夫輪船捕盜各口通行會哨章程權歸船政而海疆水旅經制之師渺乎其小武從而迂之顧念泱泱大風稱雄表海自有唐迄前明征高麗拒倭寇所恃以敉平海徼者守其常經盡其人事將以固自強之本而揚無外之威往昔名臣良將本未嘗借重洋艘治法治人昭垂史冊必悉委之輪機火攻不勞而理戰具日臻於精密人心日即於便安致令中朝海防水戰亙古不易之成規侵尋以至於廢是可惜也古稱篙工楫師出自閩

禺故登州鎮協參遊例由廣東綠營升轉而閩浙撥才亦與焉會陳守戎文琥以祖遺舟師繩墨一書贈

曾經

高宗純皇帝御覽頒示鶖軍仰見

國朝慎選干城無美不録繹其言發於忠君愛國之忱衍為有勇知方之訓適有當於予所謂守其常經盡其人事不敢以輪機火攻爭捷鬭巧僥倖於人力難施之地而坐廢其整軍經武之材雖曰王道無近功而質之百世可知行之百年而無弊不可不引伸其説而宗而守之是則予是録之微意焉爾

光緒丙子五月署濟東泰武臨道山陰錦并誌

綠雲山房詩草序

仲夏陳君晝卿自唐昌歸過余於城南草堂越日復來袖其内子勞鏡香女史所著綠雲山房遺詩兩卷乞序於余繙閱一過其骨雋而雅其氣静以穆寄託遙深章則穠麗絕麤浮躁率之氣有温柔敦厚之風余所見閨秀詩集不少根柢博贍才氣縱横則推自然好學齋吐屬風華詞旨爽朗則有聽秋軒他若如皋熊澹僊錢塘吴蘋香歸安沈湘佩或結體簡古或選詞幽豔或取材宏富尤為近日女史之卓卓者集中諸作雖或未備其長而一種清思逸韻已非此外各家所能及其中况多思親懷遠之什纏緜悱惻情見

手詞則性情真摯獨得五七言之本原洵可誦也天或寬以歲月所詣更不止此芳樹摧春紅蘭萎露惜哉畫卿逾期而衰謀所以壽鏡香者無不至比之營奠營齋識度更相霄壤且其文章詩古近為吾邑冠實能為泉下人增光桂子三秋杏花十里直轉盼閒事耳老夫當拭目以俟爰為之序而歸之道光戊申七月雪舫鄔鶴徵書於吟秋樓時年七十有五

絲雲山房詩草序

披玉臺之新詠黛染千螺繹錦字之迴文絲抽獨繭繇來才女壓倒鬚眉不數名流頓開胸府蓋天地之清淑多鍾偉人而壑巖之秀靈閒生賢媛即論淛水答松濤者聆玉屑之譚近徵越風過梅市者峻瑤臺之望信乎筭中獨步綽有林下神情也然而娥月重圓優花一見香名易播豔福難消潘騎省之悼亡悽展遺挂元才子之營奠閒遺悲懷而手茲一編心乎百結證因緣於文字藉報答乎平生此絲雲詩草之所由梓與女史勞氏鏡香爲陳畫卿孝廉淑配其先著族東海從家南湖女史生而孝恭幼即嫻雅謝公嬌

紹興縣志采訪稿

女最小偏憐劉氏多才其文尤雋以故　尊翁又峯先生劇愛之而其伯兄佩蓀世講亦甚重之惟旹喬梓長征盼父兄之射策田荆中折佐母氏以持門仲季遺孤筆硯課女紅之暇日晨昏多豫悅巾披儒素之高風于焉蘭采陔南古香可掇蘐萼堂北新句斯酬秀才之名爭鬨於家術學士之譽聿騰於士林矣又峯翁與同郡　儆齋陳君爲同年友麐楊通家識清聲於雛鳳雀屏選壻快豪氣之元龍蓋畫卿孝廉亦文徼之雄師稽山之翹楚也金童玉女咸黨榮其禮門竹筒練裳香籢媵以詩卷夕燈紅而佐讀刻竹雙聲晨鏡碧而催妝拈花疊韻時則　陳翁秉鐸昌

化畫卿下帷受經眛爽而朝頌椒瑞於堂上公候之
事擷蘋香於澗濱而地美湖山天生對偶性靈濬發
情文相生又況叔姒翩翩奇賞陶家弱質女兄嶽嶽
才優宋媛昭華瞻紅日於長安望白雲之親舍臨風
遠道步月清宵何可一旦無詩那知百年似夢也乎
嗟嗟棃雲難駐韲露易晞獲良友於閨中忽焉十稔
檢遺文於篋裏定有千秋載溯芳徽聞搜軼事入門
曾賀乎祥女括囊信符於吉人而紛綸五經幼既嫺
乎母教貫串諸史才足纂其兄文正不獨秋水芙蓉
玉泠泠乎詩骨春風蘭芷珠纍纍乎賦心也是則奉
倩神傷挹香鑪之餘潤義山悵悒思錦瑟之華年情

之所鍾問誰能遺哉畫卿爰襄其詩鈔若干卷委屬
弁語敢斟危言僕於兩家交忝三世陳補闕久推名
宿勞山亭故多女真紅杏村枝望夫君奏衆僊同日
之曲綠雲春樹眷老友懷吉甫清風之吟道光三十
年歲次庚戌春正月下澣同里尺莊老人杜煦拜撰

綠雲山房詩草序

道性情一語爲千古言詩之則厥後曰格律曰宗派曰風氣言詩者愈精且備去詩也愈遠且失甚則若禁體然謂閨秀詩不可有脂粉氣方外詩不可有蔬筍氣夫必不脂粉而後爲閨秀不蔬筍而後爲方外詩或佳矣能得其性情之故耶鏡香余季妹也余妹三皆能詩鏡香突過其兩姊雖然余初不知其能詩也道光己丑鏡香尚垂髫余報罷禮部試遂旅食京邑三五年中　家大人亦北上余兩弟不幸早世凡往來書啟半出鏡香手洋洋千言言叙瑣事能委曲詳覈始乃奇之已而附來吟稾婉約如其人然後知

其胠詩也歲戊戌鏡香年二十有三歸畫卿偕隨侍
唐昌學署唐昌於紹郡雖不及四百里遠而山谿多沮每思歸
寧而不得輒抑鬱而宣於詩壬寅癸卯間海氛尚熾
家大人命挈家來京鏡香因親老遠離愈感戀其為
詩也近商音竊訝以為不祥畫卿亦嘗以善憂憂之
丙午春寄余三十自壽詩并書曰今而知筆墨非婦
人事箕帚井臼凡職所當任者從此益努力余答之
曰若是覺左芬太華而桓少君又太樸矣初不料其
年逾後遽一病歿也於戲手足慘傷至於此極能不
痛哉鏡香自幼於兄嫂姊弟無幾微失長而族黨中
胥敬愛之輒引以為法則性情之端淑可知家雖貧

無斯飢之歎追逋每集於庭而吟誦不廢於室則性情之曠逸可知又甚孝而多慧佐　老母理家政餘爲安排書冊飲具棊局巧合意旨故亦特承憐愛及今赴之來也誡家人祕勿發而　老人尚於燈前聚話歷數其少長時事或卜音問噫不更令人愴絶乎鏡香既歿畫卿將輯其遺稿付梓而問序於余余未獲見鏡香全稿且雅不以言詩者之言爲知言也胡序爲及庚戌之春畫卿計偕北上道出定武以全稿示余且曰鏡香方于歸時盡火其稿而來不欲以詩見此稿自戊戌至於丁未並附以幼時所作而未火者選擇得若干首急於付梓固請作序余不能辭乃

忍淚卒覽益愴然於鏡香之性情以閱歷而著鏡香之閱歷以景物而傳其詩即自序其人也固無俟乎人之序之也特恐梓行後人猶斷斷然格律其詩宗派其詩風氣其詩甚而至於脂粉其詩余將無從置辨特就其生平所以為詩者以為之序可乎畫卿諸遂書於簡首適李氏妹紉香名蘭君年逾三十而亡周氏妹瓣香名蓮君年未四十而寡鏡香名蓉君年止三十有二幸皆有一子道光庚戌四月兄沅恩筆於定武署齋

漢碑篆額跋

秦漢作篆隨筆高下自成結構古趣盎然至唐中葉始工描摹專務勻圓宋元以來拘守不變名鐵線篆古意盡失迨我朝嘉道間懷甯完白盡脱窠臼一時稱之號為鄧派接踵秦漢似創實因秦六刻石已佚其四瑯琊泰岱殘缺過半合而計之字不及百漢碑皆隸篆刻無多嵩山石闕孔林墳壇孫吴紀功國山刻石其最著者他若墓人魯王墓二石人石獸天祿辟邪四字題識僅存趙刻羣臣上壽刻石王碑王君殘碑真贋莫決更求漢篆廢惟碑額余鋭志搜輯悉心鈎摹或訪原碑或得舊拓四方良友亦有寄助積十餘年成三十二種益以曹魏共三十六種付之梓人公諸同志其未得者坿待訪目續有所獲再圖增刻自維痂癖抱愧蟲雕大雅之譏所不免耳

光緒八年歲在元默敦牂壯月山陰何澂識

漢碑篆額序

漢篆不可多見欲觀漢篆者不得不博求之碑額蓋漢碑諸篆額實秦篆之嫡派也世人習見繹山傳刻之本以為秦篆初不如是不知彼傳刻本結搆僅存神氣全失烏足以言秦篆哉薛尚功所摹秦斤秦權其筆意居然可見漢人作篆皆從此出惟其中間有參襍隸體者此則時為之耳

何竟山太守博學好古篆隸兼工嘗裒聚其所得漢碑額用雙鈎法摹而刻之以印本寄余余謂欲學篆者宜各置一編以玩其用筆之法勝于摹寫棗木傳刻本萬萬也

昭陽協洽壯月曲園叟俞樾

紹興縣志採訪稿

漢碑篆額序

漢碑多竅區以為二在墓引率在廟麗牲竅之中外繚繞有暈非刻螭虎即為圭首無字斯已有字曰額故篆稱篆額如帝堯是隸稱題額如武榮是或標故階為衡方孔彪或識令秩為費鳳楊統書官非姓則祝睦武班題郡兼邑則劉熊陳寔曰銘者北海景君曰頌者槀長蔡君墓表自謁者景君昉神道自太尉楊公始尊以府君有梁相費汎列以私謚有忠惠魯君至若周憬曰功勳銘張納曰功德敘王立偏稱孝子唐君特冠僰人王君治石路加一表字潘乾立校官隨其地稱膠東曰廟門敎防曰神祠廠額變例不一而足率與碑字合為章法上有姓則篇不再書既題官則文即從畧芣鄂相遞互為虧蔽乃沿後世別起重出視若贅疣殊无面

目

何公竟山太守斯編之刊駸駸復古生雖苦晚剥蝕艱搜即此晨星冠冕南極夫從新不爛觸手如新摹羊豪之祖揆八分所生究篆得隸變隸爲楷探源綦遠示涂獨先將蕭鬱侯覃思三月前殿題額觀者如流弗克專美伊可喜也

光緒壬午花朝治愚弟溫陵楊浚謹序

漢碑篆額序

在昔湘東金管摹荆碑英開皇石工首摹禊序延陵札碣覆本於從申廟堂虞書仿雕於城武賀季真擅澄清之刻李重光輯昇元之編大抵會蕞法書胎摸集帖窮春蚓秋蛇之致盛傳萬歲通天略逾蚨螭首之文𣦸及漢碑魏碣未有刻畫題額攈摭圭首為羊毛之祖生色摎趙討歐從鳥篆之迹探源溯斯罝邈者也　太守何竟山先生飫書飡畫裒研鬘鐙心清澈夂目炯灼電稽譔達恉窾六書之精綜槃鐕栔揆八分所出赤伏已遠廖廖僅存縈念寘搜騣騣夏古啓縢發篋巳如星鳳振奇饕古何猒雕蟲攀碑之嵩廢晉呂下漢碑篆額摹本之編泂手鉤心貴巧生面獨闢巳夫漢石故制穿中居多在廟繫牲當穴下繂穿之中外中原多繞暈或

一重二重三四重益都每蟠形爲麟飾鳳飾龜虵飾厥體攸殊惟
文亦異隸姑勿論篆可得言爰稽陰文則有東海廟碑孔君之墓
郎中鄭固司空宗俱玄儒先生泰山都尉孟文石門之頌膠東廟
門之碑華山嶽廟久失盧山之真惠安西表近盛狹西之拓泰室
少室神道頗古譙敏樊敏舊搨或存爰稽陽文亦稱黑字帝堯有
碑老子有銘若郭究王純若楊震楊著或存或缺靡攷靡徵泰室
石闕銘雙鉤多其廓北海淳于長重繙脱其文至攷厥例不一其
稱白石曰神君殽阬曰神祠唐君獨系仙人韓仁特標循吏蕩陰
張遷之表北海景君之銘孔彪泰頡標其故階費鳳楊統識以今
秩費汎范式幷尊曰府君上號受禪兼鐃及車奏非惟文法緐簡
足臘乎今體抑且筆勢巧拙均留其古型若夫單排六玉雙排六

玉没字者弗登樊毅華庙孔龢孔庙無額者勿取武氏祠似額非額大饗記若篆非篆張納功德孟初祠碑僅署前行不類端額概從屏斥以昭顯畫即至高頤高彪趙君景君功勳之銘郙閣之頌孫琳敖著錄金石郭有道膾炙齒牙潘乾校官隨地示稱忠惠魯君私謚亦列武班則書官并姓陳寔則題郡兼邑凡皆隸額不在此數因之模範结構依倣點畫霣鉤取勢一豪不爽剖黍折米衡以慮僞之尺裏亡正誤斠諸契索之編圭稜不磨波磔若鏤影之舜吕奪其真墨諸版以睎於世足搭文字於兩漢觸耳目而一新鐫石墨之華擅顯門之業以今視古後来居上將宋洪适之碑圖未免嫌於挂一漏百張皐文之筆法恨不奉為金臬玉圭也聞張皐文太史篆法全學漢額

光緒壬午重五日治愚弟晉江龔顯曾詠樵氏拜序於𥼶𥽄別館

拙著止軒類稿目録書後

走處沖性癡仲宣体弱青箱世守庭諳親闈杖擬竹林時預文酒之會樓閙花鄂忽悵人琴之亡旋罹兵戈狂竄山谷拾橡之暇拈毫自娛雖性懶讀書而志在經世以為雕蟲小技壯夫不為爛羊虛名通侯亦怍冀風諭乎夫民牧庶雪恥於儒酸泊乎寇退還家詩賡樂頻弱冠餼稟鄉書厠名自此公車計偕帝京游覽東華下第踏軟紅以回轅南陔采蘭侍垂白於冷署舟車所至篇章始緐經史有疑箸述漸夥上書五度嘆歲月兮輪奔隨官四明圖海天之琴歗走自同治戊辰始迭試礼部五戰五北光緒丁丑下第隸侍先大夫鄞縣學任蠲陳級齋寫海天琴歗圖寄意王子常年丈撰駢文為記李悉伯師陶子真沈蒙叔諸公俱有題詠已而庭杶陡霣池草不春未紓負土之悲復遘終堂之慼茹哀述德瀧阡之表未

槑予夢歌離懸孝之祠猶待云弟子詒旣得旌上元宗湘文觀察時守甯波謀建孝子祠於月湖規畫已定潘文勤師為文記之旋以先太恭人命力辭而止亾何鄭山片席抗顏為師苦峴一甑
為貧而仕邊孝先不為教授及门曾嘲其畫眠袁山賓世作儒官
治事又慚於湖學披畫本以兩憕主講鄭山稽山書院時及门先後繪擬英攬秀圖册一時名士題詞頗盛飽槃蓿者三年迨於丁亥臘八日接孝豐學篆己丑釋褐迨始甫缺計首尾三年在官寔不及兩月耳
至許棠晚達孟郊登科五色雲書廿年夢諗迨年十九將應院試前一夕夢根仙先伯兄指示雲端仰見太史二字點畫分明比己丑館選則年已四十又四矣
金门待詔大隱窃比夫東方
玉堂種竹長安遂踐其西笑乃至詩非白傅而雞林購以兼金書
謝蕭雲而雁幣詶夫百濟官翰苑時朝鮮日本使臣致潤筆求文字者頗不乏人清班雖玷
虛声倖邀然而四試
朵殿再擯皇華文衡未畀乎希深使植獨慳夫博望雖復

寶璽九疊亦繪龍虎之文
御屏十聯繆登蛇蟠之勢甲午皇太后六旬萬壽充纂內廷寶璽並書撰宮闈楹帖五六十聯而嚴
助之勢賜金未拜苗振之倒繃貽譏自祢蟣蝨之小且下儕牛馬
於太史名雖侍從宴則高寒耐崖沈以十年彙窮愁於一身伊可
嘳已況予滄海橫流時局逾迫私恩黍室阜草阻於容臺指甲午秋上書
事回歸枌鄉逋券厚於梵筴一身蹭蹬卅口飢寒不得已辭尊居
卑甘作風塵俗吏回瞻舊侶迴如霄漢仙班誰言五馬渡江去作
文章之太守依舊孤鴻戲海來編詩集於中州吁何其慎也夫窮
通分也文字緣也大千世界幻如蛟蜃之樓第一功名別有麒麟
之閣但博名祿於沒世可輕富貴於浮雲無如橫覽九州人才輩
出前有千古作者朋興紛紛充棟之藏悠悠積薪之嘆況如走者

薄積厚發西林東涂根柢未深瑕瑜不揜綴蜀平生之心力丰為前哲之唾餘又況禄位不足以動人獨行踽踽齒牙嚋願以假我同調寥寥即幸而脫華嚴之刦厭遇楊雄於後世針芥哩契爨桐賞音而丹青摹靖節之圖神情已失即黃金鑄謫仙之像魂魄何知言念及斯廢然而返然而仕宦不達既予手之無柯春秋漸高復吾精之如燭結習所在垂老彌堅既事事之人輸或畀畀之余畀鼠機蘊兮雖苦蟲食蓼而忘辛但期梨棗以鑑鐫庶免草木之同腐固所願也且夫天道因時而變遷風氣与世為推移法奐必更文勝則敝蓋自滄桑三易見聞一新化電声光尊若彝鼎詞章訓詁棄如土苴捷足者固學在四夷目論者謂文衰八代舉世波靡舊學日孤乃猶刻楮調鐫永作無益之事塵羹土飯為失時之

炊即推卓犖之文雄亦擲精神於虛牝自宜捐棄故技徐引新機不知魯女之戀著簪不遺故也越客之操土音不忘舊也若謂費半生之佔畢竆於半途殫卅載之工夫付之一炬是可忍也毋乃過歟且此後衣冠逐隊案牘勞形即求炳燭之餘明猶恐退食之鮮暇爰乃芟蕪薙薉采菁擷華列部目以別居聊泥爪之堪印皮斑留視固非霧豹初衷毛羽自慚未免山雞顧影便道供人笑傌雖覆瓿以甘心但教傳我襟期即盖棺而瞑目是以草草尚敝帚且享以千金者也所冀當代髦儒平生心契評子將之月旦假季野之陽秋屈公如椽懇我仰屋或賜加斧政或寵飾弁言鑒其誇癡之符擿以春華之藻筆則筆削則削期勉底於小成範不範

模不模顧別裁於大匠庶幾哉姓名録〻附驥尾而始彰爝火幽〻借龍膏而後耀掛名於會昌一品之集藉綿長慶薪傳加序於太沖三部之篇儻使洛陽紙貴

録王照軒太史文稿

拙著記目

止軒文集初草散文

止軒文蛻初草駢文

忘寮介麋草上卷散文下卷駢文

醉吟草古今体詩　沈寶森　匋方琦　鄧濂撰序　翁同龢題檢

醉盦詞韋草詩餘　郭傳璞撰序　潘祖蔭題檢

醉庵詞集外草上卷集姜白石詞句下卷集詞牌名　李慈銘譚獻匋方琦評識　沈景脩陳璚題檢

醉菴叢草八種

楹聯　硯銘　俞樾沈寶森撰序　徐樹銘王詠霓題檢

碑斠　简叀

書藝　畫醆

印話 徐樹銘題檢 銳侑或作銳滕 鱑董

右共十四種合名止止軒草草草

五雲堂類録十二種

庭聞 本名趨庭述聞

家故 本名家世紀年

遺詒 本名鱣堂遺令

蕊夢 本名北堂紀夢

人琴 本名鴒原鳴哀

心庐 本名鷾庐泣血

義方 本名示兒一名峚燭多檢身涉世之言

敬止 本名孜獻一名荼桑專記越中文獻

銀管 輯録先披孫烈婦哀詞

金蘭 彙録朋好贈言

清芬 本名誦芬輯先世傳志乞名人分書石印

懸孝 輯録亡弟哀詞

止軒脞録四種 匋方琦題檢

書賓質疑

越語證古 略如毛西河越語肎綮録茹三樵越言釋之例

文石蒐逸本名硯印待訪録　寒檠識雜

醉菴筆録四種　陳璚題檢

鴻印紀游　蕺譚隨筆之屬

蛩語詩話之屬　鳩異志怪之書

右共二十種　合名之曰止止軒録録録

坿墨拓記目

止軒拓本二種

硯影集拓古今人硯銘約三百種　李慈銘平步青譚獻孫德祖諸公序文八九篇俞樾黄彭年等題詞尤夥

印痕或名印契一名印奭　即印譜有邊跋者拓之

止軒金石墨本四種　于齊慶撰序　徐樹銘題署并分題七絶

金　金鼎彝之屬

陶　陶磚瓦之屬

印印印鈢之屬　　鏡鏡鏡銘

越中古刻九種摹本丙申冬初道出申江石印

走性本顓愚体尤孱弱幼秉　庭誥從游竹林先从祖父竹泉先生先兄艮木
山人童年同游類宮合刻竹林試草同以詩賦授予舞勺之年便弄柔翰出應童試輒
居前茅咸豐辛酉走年十六　先兄捐館嫂氏殉節及冬粤
寇陷越狂竄山谷再虜再蘇十八寇退還家病足幾殆十九
入泮食餼弱冠授室旋廁賢書是歲同治乙丑補行辛酉壬戌兩科鄉試蓋自同
治戊辰以至光緒丁丑疊試春闈五戰五北每報罷南歸隨
侍　先君學署癸酉六月　先君由金華府學訓与叔弟子導推升鄞縣教諭畫室偕行
詒侍奉之餘觴詠互作天倫之樂足冠平生迨歲己卯走年
卌四　先君棄敎奉喪還山故居已墟侍　母鄞校庚辰四

月子詒以禱　母疾請代自湛月溯逾年始以孝子　旌奏
則傭書以養賣文自給㕘主講席並掌記室奇字偶向虛声
濫邀壬午八月方銓武康學官又抱終堂之慼於是銜恤返
越卜兆卜宅哀悴交并甲申服闋丙戌大試礼部嗒焉而歸
兼主鄞之鄮山越之稽山兩書院丁亥冬始赴孝豐學訓導
任頗思著書以終而山荒人稀弦誦絶响（響）不獲已重攜席帽
七上計車己丑通籍庚寅留館時年已四十又五矣散館時咸以奏
晚達多累勸就縣令余憶慈訓戒作此官不敢違也此後辛卯癸巳甲午丁酉四次考
差録取者三樞臣中有親見拙卷在前列者讀卷官有背誦詩句甚相符者而未嘗一橾文
枋并分校亦不得与焉甲午大考詩尾漏填三字遂落四等
院長知走以同鄉同試者咯血為樸一文一詩頗見惋惜特
於　慶典補派書樸極隳冀得優保以慰向隅又以東事停

止其也夫命而聖恩寬大得免斥逐幸矣戊戌俸例保送知府簽
分河南初晥長方將保送御史走以傳到需時既急欲自效又為境迫不能久待遂辭彼而就此莫得一
麾籍效尺寸歲莫至汴始知同班卅輩序期無期加以齒髮
就衰骨体不媚素懶酬世弁謝衙參上游目無〔為〕書獃同僚吻
為怪物欲回車而無術悔改弦之更張直道事人焉往不黜
尚何言哉今者偶借一枝僅供半菽負累逾重迎孥乏貲後
顧茫茫前程渺渺志業未遂老病已催不得已而自檢豹皮
寫胸中之磊落由或者坿將驥尾微身後之名俱其情不大
足悲乎光緒己亥仲冬止軒王繼香書於鞏縣權舍

醉吟草序

醉吟草者會稽王君子獻作也君好飲别號醉盦遂以醉名詩也君幼異秉性尤恬粹年十二即事吟詠既以詩賦受知吳和甫學使補弟子員旋食餼弱冠領鄉薦五試礼部不得以教諭候選又二十年不得壬午秋始得選武康教諭以内憂罷嗚呼詩之窮人如此哉王氏多異人君兄根仙以高才早喪嫂孫殉焉旋遭粤冦遷避累載自尊甫杏泉先生秉鐸婺郡及移鄞庠君皆侍學自是益進己卯奉父喪餘謝墅瘞髮隸所雙芝兆祥次年春君弟孝子君子詒殉身月湖以禱母疾不三年又丁母内憂當是時十口浮寓家無定廛稡弱滿前盡倚君筆底以活然君不詠歎不輟過醉則莫名悲喜所作詩氣韻尤沈鬱豈所謂窮而後工耶君少嫻嚴

陵桐江以抵婺山環水繞溪洞幽邃郡庠毗沈樓登覽之樂尤勝及來甬上則天童雪竇四明之奇沃洲剡溪之滙蠻跡番舶極瑰瑋麗之觀已而泛樓船涉瀛海徧歷江淮齊魯燕趙之墟壘吟龍嘯倚杯豪唱渾渾灝灝瀛寰吐欱至於褰裳聯襼更唱迭和傾瀉肝膈宜於銘佩讀書怀古闡幽鋤偉一字之下鐘鼎鈇鉞又以昆弟輝映暇輒賡和韋花謝草和氣淙衍蓋君俊材茂學家風夙染南北游歷得江山之助寇患敉平遭家顛越性本純摯重以歷練沈雄之氣高秀之色隨意傾寫迥無凡響余夙嗜詩什与君雅故别來三載書問杳绝今春寄我詠怀諸作因歷歷序之如此噫世謂詩人少達而多窮若君少年賴達亦既達矣奈中歲後在在榛梗豈天欲玉成其材留為晚遇耶余友李蒓老瑰材無両与君烟

姬他日騏翔捷出和其声以鳴　國家之盛則即以醉吟一編為

清廟閟宫之什可也光绪甲申初夏山陰弟沈宝森拜序

醉吟草序

宿雨新塗綠藩如積春陰滿簾黯然獨坐王子止軒郵示吟卷束筍成軸吹慼若水文字怡賁正在吾輩王子少年夙慧文艷彬郁由礼則雅對古為朋儀恂孔芬珪璧甚碩故其為詩雅遜芊翔表內相副沖襄澹亮崇襟緜穆篤佁正始耀此声香慨自浙派曼衍越風淪虢大雅闃寂作者代生王子以通倪之才發窈窕之思際遐迭變哀音適工江山相助岩壑有輝每至雜花生樹叢桂留人幅巾禁籞琴尊間作娛烟墨之逸采繪山水之清音泛乎衝飈疾捲滄桑刦餘蓬根櫪徙隼穗鐵戢身世感觸抒之盛藻至於一門烈行千秋輝嫩褒貞紀錄懿孝成編汲餝不雕其音哀嘽幽賾支繚轢使之然況復數年以來積憂屈賈嵆康之鐸不振天童之碑

紹興縣志采訪稿

待訪香硯甬水吹笛鏡湖韻事流連好學孟晉尺波未竭鍾律愈
高即此一編已為糒企方埼皆藻漂流虛音涵歇皐社絺集湘輻
孤唫闡君風曜勉自緣飾率作覓語敢質同方東晉風流如未墜
也甲申夏始同里陶方琦譔

醉盦詞序

朱竹垞氏謂宋越州以詞名者陸游高觀國尹煥王沂孫輩先後輝映今府傳樂府補題可覆也予案晋書夏侯傳小海唱寔長短句之萌芽近時越中如李蓴客霞川花隱詞周叔子東甌詞暨皋社之王眉叔窒月詞孫峴卿寄龕詞陶子縝蘭當詞推陳出新浸欲頡頏古作者予曾諷誦之而王君子猷与予習且久治詩古文有声尤於詞癖夫詞者詩之餘也詩有難堪之境難達之情難顯之景鏤塵吹影惟詞為宜君幼被賊虜李瀕知名倖脫虎口秦吳吳和甫師之楼浙也予与君受知尤深君既食餼稟登賢書計偕之長安慢尾歌頭傾倒輦轂春闈報罷走燕趙齊魯數千里泝江亂淮長弛負担同人咸譁呶為樂君獨叉手茶檣酒幔中幽覓冷峭

其素性然也君五部試礼部而航海者九躲作海天槼嘯圖寄意愊憶權柳讀者傷之尝隨侍尊人文惠先生司訓婺州鄉浪予初平叱羊之山宴娭予邑侯八詠之樓槼趣笛譜春秋瀾溢既而先生量移明州橫舍伊邇每接君談吐温温如魏晋間人白日不見郵筒錗紙積盈寸許蓋君之才氣足了十人東諸侯幣聘恐後書記翩翩特餘事也今夏出其所著醉盦詞四卷屬為序讀終則君之涔丁離亂漂泊湖海風木之悲荆樹之感与夫覽古傷今寫艷咏物之篇皆在而難堪之境難達之情難顯之景乾端坤倪軒豁呈露詞之能事畢矣予生吳君特陳允平之鄉竊思導揚風雅而排之以硬語每与調乖寬之以新腔雜与譜合誠有如竹坨所云云以絜夫君之雄視皋社不特允霞川而弟東鷗且將与陸高尹王

諸名家齒予序之濫可媿也已鄞縣年愚弟郭傳璞拜序

見王氏文稿雜録

紹興縣志采訪稿

寓廬日記會稽張景燾魯封著凡十卷。宣統三年六月刻

卷一

四書説　五十八條

卷二

易説　七十八條

卷三

書説　三十八條

卷四

詩説　三十九條

卷五

三禮貫　六十八條

寓廬日記

序

越中張氏由魏公隨宋南渡世世即南軒從祀
文廟累代多經術世其家姻伯　鞠堂先生其高曾均祀名宦鄉
賢幼即有孝子神童之譽弱冠登嘉慶戊寅賢書時典試者係高
郵王氏引之經學大儒也先生為親病弟幼不赴禮闈者十餘年
服闋始應春官三薦不第漸就京職亦未久即隸里修身踐言務
式鄉里表先賢獎後進孜孜不倦家有後彫晚翠楼藏書萬卷其
下為　先生談經之室筐篋大籍有饌百家星辰羅胸雷霆握手
凡經史外河渠律歷兵政醫方術數無不通曉惜箸書十三種盡
燬於咸豐酉秋兵燹然最嗜學耄耋猶篤好古之彭知禮之老於

古有徵何多讓也又成四書補註韻字綜釋續釋十三經分類字略妙香館古文駢文昕天氏雜体詩各種俱待梓寓庐日記晚年課孫之作文孫子京予中表甥羨祖庭親作經師張文之學許有根柢今春因子猷王子北上甥囑寄書請予贊定並乞叙言予既至戚相閲又素有　先生知己之感欲為作傳蓄志已久乃將是書一一維誦其中各條論說多具卓見能發前人所未發且簡明而純粹慨自宦學不講原伯魯遺種布滿于浙東西喪心病狂非投猛劑難瘳厥疾是書寔一附後良方允宜速付剞氏挽世界之狂瀾厥功不淺獨予自辛未辭别入都次年壬申為　先生周甲釆芹之歲曾書十六字以賀七秩耆英重游泮水四朝碩望羣仰斗山未幾　先生竟謝世天末碧雲彌深愴歎今讀遺箸怳惚當

年析疑辨難与先生形神晤對時也光緒庚寅秋日姻愚姪李慈銘拜譔

四書補註

韻字綜釋續釋

十三經分類字略

妙香館古文駢文

聽天民雜体詩

以上會稽張景燾魯封著　存稾待梓

紹興縣志採訪稿

紹興縣志採訪稿

越中贈别集　馬志夔殘序

今春　太守作思蓴賦效踈廣受故事民怡色然以驚若失所恃欲准其舟縶其駒而不得於是父老子弟設爲香花缘道解韡握鐙諸儀以悅　太守行色而屬邑薦紳莫不走箭傳牋歌詩代餞斐然成集昔之歌襦袴而頌冰鏡樹棠棣之碑作黄芝之頌者殆不足数於戲何道而得此於民歟志夔蒙　太守之澤會以讀禮家居未獲執鞭祖道又不能作爲歌詩道揚德意附諸君子之末然異日者春風供職方將登　太守之堂望紫芝眉宇一申其惓惓思慕之意今觀斯集之成若景星慶雲先覩爲快況蒙同人屬委其敢已於一言不爲異日之介紹乎謹序

嘉慶十有六年歲次辛未十月既望治年家弟馬志夔頓首拜撰

越中贈别集

至齋太守自叙

嘗觀古之學士大夫或紀一事或詠一物無不寄情于詩詩者志之所之也情動于中而形于言其辭出入風雅必傳于後而無疑余出守紹興十有三年猥以賦質椎魯未嘗學問兼之時親判牘未暇就專門名家与之商榷肆志于風雅中亦何由附之而傳歟紹興古名郡也其間千岩競秀萬壑争流足以供才士之摛藻揚芬非以娱民牧之游目騁懷也偶以從公舟車所至縱覽名勝古蹟往往構思而未就惟有裨益于民生日用者又不可不誌述之夫四方寧謐民之願也年穀順成民之樂也有時潦而宜晴有時旱而宜雨又民所欲求而不可得也余仰賴

上天之孚佑承世德之貽謀息心静氣不敢以躁志加之而諸疾

苦民之願愜矣民之樂真矣而又代民求之無不應時而得矣於是記之於詩今年春余因積勞目眚驟增引退餘里爰出舊作十章爲越人别而越中學士大夫紳耆名宿各出所製以贈予蓋交深于把臂之前而情洽於布衣之好諸君之于詩吟詠性情一皆風人之遺殆乎辭之工而足傳矣特是詞多溢美意屬揄揚撫衷自問能無顔赤況夫越州政繁賦鉅遇事兢兢猶恐見聞不及贈者出之無心受者當之有忝人將謂我何既而思之　諸君子見贈之意其殆勗予之所不及乎果爾則紳士之愛我爲甚深矣烏得不付之梓人以誌雅懷遂泐數言弁諸卷首余亦竊附于學士大夫之後云爾長白至齋覺羅百善

小螺盦病榻憶語序

病榻憶語一卷孫瘦梅先生哭其女越畹女史而作也芳蹤欲壓秋淚不熱一編甫竟来徵弁言僕也買鄰千萬幸棲清風通徑十年与共夜月其時長女綺侍年蘿屋向字花慵与女史向訊時通過從勿間燃脂互寫珍珠密字之箋擘繭聯吟金縷寶釵之句紛茲內美芳其彌章蘩言不聞淑質可述夫其珍同么鳳慧兆翠雛陶靖節之慰情尚憐其弱張安昌之愛女頗甚於男生長乎綺羅出入乎保抱縱使性成嬌逸嗜在麗都以論清閨豈云累德而女史則蘭心自幽梅骨不俗紅鐙綉局壓金線以偏勤紫鳳春衫屏妓服而勿御飛花陌上詎走鈿車吹絮簾中兼羅麝笏誦南華秋水本是綠衣之仙錄北山移文奚慚紫石之字翡翠之牀在手珠

玉之唾隨風喜書早見乎九齡熟簡已盈夫數尺況乃晨妝埽月修玫笑以承顏午課吟花捧桃箋而繞膝叢編代檢雲葉縹羅之厨僻事能徵錦舌青瑤之乘果然淑女無畀佳兒如此瓊姿合穌琳嶠雲冉冉其扶夢風飄飄兮吹衣明星玉女手白蓮以上征青灵羽人卓翠蕤以早待（女史未病先生夢其手白蓮花冉冉升雲際上有仙人招之）星婕之境匪幻白凰之召旋來溯其示疾之初迄乎彌留之際玉骨支瘦不廢鳴蟬之梳絲喘顫涼尚戀秋蛇之迹先生則水量磁斗藥備銀船龍宮檢方丹九還而誰合雁鐙警夢夕五鼓而猶驚一霎曇花半年病葉五絲莫續雙淚空揮蕭瑟珠櫳永絕青綃之响叢殘粉翰忍閱黃竹之箱徒憶其零星倚枕之言冀抒此夜雨虛帷之感亦可悲矣然而悲離境也修短命也綵雲之聚散何常舜華之盛

徂隨化況予吟傳七字緑楊鐙景之篇曹文孺大令贈女史詩緑楊慵慎雨中鐙一篇爲時傳誦大令女史師也蓋決別一言白榆天上之約弥留時爲先生言容華著天上新居甚麗才媛之號飛瓊返玉館之真碧落雖遥涼墨可數喤簫乍引恍睹予桂旗雕華勿湮有同夫梓瑟將見琅函展碧咸誦秋風楚些之辭珠字流香爭題明月湘君之什

同治癸酉仲夏之月山陰王詒壽譔

紹興縣志採訪稿

閘務全書續刻目錄

第二卷　修閘便覽

紹興縣志採訪稿

分修
灌錫
分灌　灌閘底
灌閘縫　灌眞縫
灌梭礅　灌石欄
物料
論鐵　論油松
論灰　論錫
論板片
器具
爐　銅杓

銅錫溜　竹錫溜

鐵鈎　鐵磢

鐵叉　烙鐵

器具圖式

夫匠

石錫船匠　監工司事

修閘備覽自序

太守周公甫下車遂定修閘之議而屬其役於衡令於落水即工焉衡於是上復公曰自　湯公建閘以來每届五十年一修而昔人記其事喻病之得醫夫病有淺深則用藥有輕重襄事之方不能概施於今日今擬透沃以錫工費且倍於昔而不知公視此劑

何如也公曰善唯君療之乃興工而雨雪繼作水盛墺圮泊復築
殘臘向近春水踵至愈難爲計於是擇可修者修之輟工待再舉
迨次年冬始獲次第沃錫告成功焉至前後所措畫不盡拘守舊
章得或老馬之資失亦前車之鑑不憚瑣述以告來者期與閘務
有裨非敢謂折肱成良醫也周公諱仲墀江西湖口人以翰林院
編修出守吾郡工甫竣而病不起郡之人不能無隱惘云
山陰平衡撰
道光十五年九月

香雪崦箸書二十種總目。先生云初亦擬名叢書今易箸書以不成叢至可取也

讀經拾講一卷 清

讀史拾瀋二卷 清

宋史欽錄一卷

修明史史臣表一卷

大廟崇祀議攷畧二卷 清

國朝館選爵里謚法攷續三卷 刻未印

上書房行走諸臣攷畧二卷

南書房行走諸臣攷畧二卷

召試博學鴻儒攷畧一卷

召試博學鴻詞攷畧一卷

平棟山先生書目

薦舉經學攷畧一卷

大攷翰詹攷畧一卷

越中科第表二卷 清

浙江山陰平氏譜續二卷

司農公年譜一卷

羣書斠識

霞外攟屑十卷 清 目列後

樵隱昔寱二十卷 刻一卷 寫定十卷 清九卷 目列後

樞帖摭談二卷

浙江山陰平氏攟殘集一卷

群書斠識總目。　香雪崦莘書丙集

劉子全書遺編

人譜類記

稗海

越中園亭記　刻

兩朝剝復錄

先撥志始

夢憶懷　刻

圖像寶鑑

有明於越三不朽圖贊　刻

南雷文約　刻

明夷待訪錄

明史錄

蘇詩補注編年

江西通志

望谿先生全集

鮚埼亭集 刻

鮚埼亭集外編

歷代年帝王年表

小倉山房文集

小倉山房外集

小倉山房詩集

小倉山房尺牘

隨園隨筆

隨園詩話

秋絲譜

滑疑集

通俗编

全浙詩話

笥河文集刻

茶餘客話

湖海文傳刻

畢通鑑

釋名疏證

雨村詩話

惜抱軒文集

古文詞類纂

館選爵里謚法攷

大雲山房文藁初集　二集

皇朝宰輔錄

廿二史劄記

明齋小識

明貢舉攷畧

國朝貢舉攷畧

左傳詁　刻

蘇文忠公詩編注成集

四書釋地補

太乙舟文

彙刻書目

歷代名人年譜

制藝叢話　刻

楹聯叢話

退庵隨筆

駢體文鈔

金粟紀事

紹興縣志採訪稿　平棟山先生書目

全唐文紀事

聖武記

皇朝經世文編

國朝學案小識

乾坤正氣集

國朝文錄　續錄

埋憂集

鄘亞雜記

兩般秋雨盦隨筆

姚氏國朝文錄

明通鑑

粵氛紀事

曾文正公全集

顧亭林先生年譜 刻

閻潛邱先生年譜 刻

冷廬雜識

麗瀘奮錄

小腆紀年攷畧

兩浙科名錄

天岳山房文鈔

先正事畧

生花德果

平景孫先生書目

桐陰清話

春暉叢書

皇朝謚法攷

春在堂全書

庸閒齋筆記

敏求軒述記

書目答問

郎潛紀聞初筆　二筆　三筆

淮南許注異同詁

續兩浙輶軒錄

共八十七種已刻十一種此外尚有三十四種

雲外擔肩總目　　香雪崦叢書丙集

韓涊山房睉記　掌故

执香峪醻話　時事

辛夷壙叢言　格言

夫移山館斟問　里事

鹺溪雪盦雜觚

玉樹廬芮錄　斜書

縹錦壘文筑　論文

䀉雲舸穰談　詩話

小棲雲談稗

玉雨淙釋諺

共十種俱佳子目未及錄

原目此無各書目列後未盡

安越堂外集十卷棣山存牘　卷棣山牘存　卷蚪斗邁樂府本事一卷介盦拾遺一卷籥迴說攷畀一卷困學紀向十箋注證　卷湘海文傳補小傳劄記未定稿一卷姚春木國朝文錄補小傳一卷文椒表初藁二卷文椒目錄八卷最勝錄　卷摘錄雜識一卷昆陵游草一卷越吟殘草　卷蕊山舍

唐宋八家文讀本目錄一卷虞初別集十卷

樵隱昔寱目録　　　香雪崦叢書丁集

卷一　經進文

同治甲子科並帶補咸豐戊午科江南鄉試録

後序

卷二　論　義　議　釋　攷

四皓論

駢邑三百義

寓山青蓮院四員堂祁忠惠公眾主結銜議

釋檃括

釋菴

釋儀

穀圭釋　佚

釋帶

史記項羽本紀五諸侯考

木蘭攷

克敵弓紀神臂弓攷

塔山應天寺寶林寺攷

朱文懿公再世經攷

卷三　叙

宋史叙錄叙

越中科第表叙

困學紀聞十箋注證叙

然藜餘照敘

釋謗敘

重刻黄山谷先生全集敘代

樵山堂全書敘

姚春木國朝文録補小傳敘

酉硐舊廬詩稿敘

四悔草堂詩集敘佚

王子獻砍影敘

素暉堂試律全集敘

蜕斗邁樂府本事敘

卷四　書

與友人書 一

與友人書 二

與友人書 三

答友人問乞假歸娶書

答友人論子冠子書

與夏嗌父書 一

與夏嗌父書 二

與夏嗌父書 三

與夏嗌父書 四

與夏嗌父書 五

答琪孫棊吉士書

答金少伯同年論西湖六一泉表忠祠書

與李筆三書

與友人論池北偶談香祖筆記書

與汪荔牆論三國志辨證書

與汪荔牆論晉書校勘記書

與汪荔牆論全上古三代秦漢三國南北朝文編目書

與友人論八代文粹書

答章筱同書

與桂甯生論汪南士七家后漢書書

與友人論國朝耆獻徵初集總目書

卷三 尺牘

答其同年

與金少伯同年

答金少伯同年

答金少伯同年

答金少伯同年

答金少伯同年

答金少伯同年

答筱珊族弟

與任秋田農部一

答任秋田農部二

答任秋田農部三

答任秋田農部四

答任秋田農部五

答顧海璹

答呂瑞田太史

答呂瑞田太史

答呂瑞田學使

答呂瑞田學使

答呂瑞田學使

答呂瑞田學使

答劉玉延太守

答劉玉延太守
答湯峄琴学使
答杭甯丞孝廉
答杭甯丞孝廉
答杭甯丞孝廉
答徐始孫
答徐始孫
答徐始孫
答徐始孫
答徐始孫孝廉
答張哲甫

卷六　題辭國朝文概訪欠

欽

山陰張陶庵岱

新建陳石莊宏緒

南昌王軫石猷定

寧化李檀河世熊

永昌賀子翼貽孫

新建徐巨源世溥

臨川傅平叔占衡

海寧朱欠庵一是

餘姚王梨洲宗羲

南昌彭楂廬 士望

黄岡杜茶邨 濬

崑山顧甯人 炎武

崑山歸恒軒 莊

蕭山蔡子伯 仲光

甯都邱漫無 維屏

仁和柴省軒 紹炳

崑山葛龍山 芝

萊陽宋荔裳 琬

宣城施愚山 閏章

永年申鳧盟 涵光

甯都魏東房 際瑞

會稽蔣雲壑 嶟

漢陽熊鍾陵 伯龍

睢州湯文正公

商邱侯朝宗 方域

長洲汪鈍翁 琬

無錫秦留仙 松齡

吴江吴漢槎 兆騫

吴江計甫草 東

侯官林西仲 雲銘

新城王文簡公 士正

遂安毛鶴舫際可

會稽孟次微遠

商邱宋漫堂犖

無錫邵子湘長蘅

澤州陳文貞公廷敬

貴谿鄭次公重

丹徒張文貞公玉書

太倉吳梅村偉業

益都孫文定公廷銓

上海李舒章雯

桐城姚端恪公文然

卷七

題辭　國朝文椒附欠

江都汪蛟门懋麟

崑山徐達安健庵乾学

安谿李文貞公光地

武進趙恭毅公申喬

平湖陸清獻公隴其

吉水李醒齋振裕

長洲韓文懿公菼

歙洪去蕪嘉植

益都趙秋谷执信

宜興陳其年維崧

秀水朱竹垞彝尊

吳江潘稼堂耒

臨川李石臺來泰

長洲尤悔庵侗

蕭山毛西河奇齡

華陰王山史宏撰

蘄州顧黃公景星

寧都魏叔子禧

秀水李武曾良年

東臺王石袍大經

廣陵金穀似位嘉

武進董文友以寧

東鄉俞寧世長城

儀封張清恪公伯行

寧都魏季子禮

寧都魏興士世傑

常熟陶子師元淳

餘姚邵念魯廷采

錢塘馮山公景

寧都魏昭士世傚

大興王或庵源

蠡縣李恕谷塨

宜興儲同人 欣

寧都魏敬士 世儼

高安朱文端公 軾

慈谿姜西溟 宸英

宿松朱字綠 書

茶陵彭石原 維新

淳安方朴山 楘如

桐城方望溪 苞

臨川李穆堂 紱

漳浦蔡文勤公 世遠

鄞徐耿庵 文駒

歸安茅鈍叟星來

常塾陶近庵貞一

全椒謝石霖濟世

吳縣楊文叔繩武

南昌萬孺廬承蒼

合河孫文定公嘉淦

寶應王白田懋竑

錢唐厲樊榭鶚

華亭王唇書之雋

宜興儲畫山大文

又

卷八 題辭 國朝文概詩欠

臨川陳文恭公宏謀

陽湖蔣濟航紹功

常熟陳亦韓祖范

山陰胡稚威天游

漳浦藍鹿洲鼎元

休寧汪文端公由敦

清江楊勤慤公錫紱

常熟陶晚聞正靖

錢唐陳句山兆崙

江都馬力本祖榮

相城劉海峯 大櫆
甯化雷翠庭 鋐
溧陽牛空山 運震
丹棱彭樂齋 端淑
無為汪訂頏 有典
婺源汪雙池 烜
華亭沈学子 大成
廣昌黃南莊 永年
涇趙星闕 青藜
鄞全謝山 祖望
武進劉文定公 綸

仁和沈楙園 廷芳

仁和杭董甫 世駿

又

天台齊息園 召南

吳江沈果堂 彤

新城張句園 逢

仁和趙東潛 一清

海寧祝人齋 淦

錢塘袁存存齋 枚

新建裘文達公 日修

長洲沈歸愚 德潛

諸城竇東皋光鼐
秀水鄭誠齋虎文
吉水羅旭莊進春
新城涂東里瑞
大興朱文正公珪
建寧朱梅崖仕琇
嘉興王惺齋元啟
中江林青山愈蕃
秀水錢籜石載
仁和趙鹿泉佑
錢塘梁山舟同書

分宜林平園有席

吳江陸朗夫燿

獻縣紀文達公昀

青浦王蘭泉昶

大興朱笥河筠

嘉定錢竹汀大昕

會稽茹三樵敦和

秀水盛柚堂百二

南昌彭文勤公元瑞

鉛山蔣藏園士銓

濰縣韓理堂夢周

平定張蘇圃 珮芳

歙曹文敏公 文植

武寧盛于野 大謨

金壇段懋堂 玉裁

長洲彭二林 紹升

長洲余存吾 廷燦

卷九 題辭 國朝文棷訛欠

金匱鄒半谷 方鍔

湘潭張紫峴 九鉞

桐城姚姬傳 鼐

萬載李厚岡 榮陛

瑞金羅臺山有高

山陰湯石舟汝烱

昌樂閻懷庭循觀

餘姚邵南江晉涵

新城魯山木九皋

甯花劉寄庵大紳

無錫秦小峴瀛

休甯戴東原震

鄞黃東泉井定文

山陰何雲子綸錦

江都汪容甫中

邱劉松嵐　大欢

南滙吳稷堂　省蘭

武進管韞山　世銘

金匱周犢山　鎬

臨川紀慎齋　大奎

蕭山王晚聞　宗炎

湘鄉謝薌泉　振定

蒙古梧門　法式善

偃師武授堂　億

上元王菿亭　友亮

陽湖惲子居　敬

陽湖惲子居 敬

歸安費西墉 錫章

金匱徐朗齋 鏷慶

陽湖孫淵如 星衍

秀水沈雙湖 叔埏

長洲王惕甫 芑孫

山陽汪文端公 廷珍

儀徵阮文達公 元

山陰秋補齋 學禮

泰順曾復齋 鏞

新城魯習之 嗣光

陽湖洪北江亮吉

萬載辛筠谷從益

曲阜桂未谷馥

吳潘文恭公世恩

寧津吳竹庵名鳳

善化唐陶山仲冕

蕭山王南陔紹蘭

歙凌仲子廷堪

會稽莫寶齋晉

宜興史衎存承豫

會稽陶篁邨元藻

武進陽猶庵 修業

海寧吳愚谷 騫

錢塘梁諫庵 玉繩

金匱楊勤補 揩

新建周(鄒)意園 昉

武進呂湘皐 星垣

長洲褚仙根 逢椿

安化陶萸江 必銓

甘泉江鄭堂 藩

元和顧澗薲 千里

吳江郭頻伽 麐

宜興吳仲倫德旋

鎮陽彭甘亭兆孫

桐城方植之東樹

會稽湯少白諧

陽湖吳晉望士模

卷十　題辭國朝文概跋欠

嘉興辛敬堂紹業

海寧陳簡莊鱣

歸安姚文僖公文田

桐鄉程密齋同文

江都史望山致儼

武進張皋文 惠言

閩陳左海 壽祺

奉新趙竹岡 孜棄

德清許周生 宗彥

鎮洋盛逸雲 大士

陽湖陸祁孫 繼輅

錢唐陳雲伯 文述

新城陳碩士 用光

江都焦理堂 循

臨海洪筠軒 頤煊

安化陶文毅公 澍

昆陽李復齋（文耕）

新化鄧湘皐（顯寉）

武進李申耆（兆洛）

仁和胡書農（敬）

平湖朱茮堂（為弼）

清泉王漢槎（泉之）

荆谿周上庵（儕）

江都汪孟慈（喜孫）

文登畢恬谿（亨）

善化賀耐恩（長齡）

嘉興錢新梧（儀吉）

桐城姚石甫 瑩

奉新余石園 成敎

莆田郭蘭石 尚先

孝感陳其山 運鎮

濰劉次白 鴻翺

鄱陽程究槎 直仞

掖李少伯 圖

歙程侍郎 恩澤

當塗周芸皋 凱

長沙李雙圃 象鵾

永福呂月滄 璜

武進張宛鄰 琦

善化賀柘農 熙齡

崇明施樸齋 彥士

全椒金秋士 旺欣

墊江李西漚 惺

新城魯賓之 繽

山陽阮定甫 鍾瑗

陽湖董方立 祐誠

長樂陳惕園 庚煥

績谿胡竹邨 培翬

太倉王研妍雲 寶仁

紹興縣志採訪稿

桐城劉孟涂 開

桐城許玉峯 魯

南昌尚璞[illegible] 鎔

仁龢趙石侶 坦

吳江張越丹木 海珊

黟俞理初 正燮

會稽宗滌樓 稷辰

上元梅伯言 曾亮

寶山袁穀廬 翼

上元管異之 同

奉新帥石邨 方蔚

卷十一　題辭 國朝文柩此冗

山陽潘四農 德輿

瀘溪盧馥亭 謨

仁和龔定庵 鞏祚

烏程凌厚堂 堃

湘陰左慎盦 宗植

巴陵吳南坪 敏樹

象州鄭小谷 獻甫

臨桂朱伯韓 琦

漢軍蘇尔欣佳 銘岳

山陽魯通父 一同

金谿楊耐軒 士逵

固始蔣子潇 湘南

錢唐沈文忠公 兆霖

益陽胡文忠公 林翼

湘陰左文襄公 宗棠

祥符周文之 沐潤

新甯江忠烈公 忠源

新化鄧小耘 瑔

湘鄉曾文正公 國藩

吳馮景亭 桂芬

陽湖莊衛生 受祺

南昌姜筆圃 瑩

平南彭子穆 昱光

臨桂況綺目 啓瑞

馬平王少鶴 錫振

陽湖湯秋史 成彥

丹徒王鐵禪 子晋

平江李次青 元度

臨川李小湖 聯琇

六合徐亦才 鼒

鄞徐柳泉 時棟

武昌張廉卿 裕釗

桐城戴存莊 鈞衡

瑞安孫琴西 衣言

德清俞曲園 樾

平湖黃鶴樓 金臺

盱眙王約甫 效成

嘉興錢警石 泰吉

婺源程子香 徒賡

當塗夏仲子 炯

武進張彥惟 成孔

丹徒張悔廬 崇蘭

南滙張嘯山 文虎

新化鄒叔績漢勳

長沙鄭耘江敦曜

溆浦舒伯魯燾

湘潭歐陽功甫勳

安福劉庸夫愚

上元許海秋宗衡

沅陵吳桐雲大廷

會稽孫祖香壽楨

卷十二　書後　跋

後漢書靈帝紀書後

後漢書皇后紀書後

書後漢書許劭傳後

書舊唐書張柬之傳後

明史稿選舉志書後一

明史稿選舉志書後二

明史稿選舉志書後三

換堂文鈔與萇喬菴書書後

書續資治通鑑後

書明張忠烈公北征失以紀畧後

孫淵如先生年譜跋

書湯文恭公年譜後

為外舅莫袁樵先生書宗譜後

沈梅史徵君勝國傳畧跋

文獻徵存錄跋

書曼陀羅華室芮錄唐科目攷後

書曝書亭集南京太常寺志跋後

祁忠惠公寓山注跋

跋唐土名勝圖會第一集

宋沈北郗尚書小隱山志石刻跋尾

建寧元年甎文跋尾

晉永和元年甎文跋尾

唐開成五年往生碑跋尾一

卷十三　書後　跋

書歐陽文忠公集古錄後

大德癸卯銅洗文跋尾

國朝學案小識書後一

國朝学案小識書後二

國朝学案小識書後三

書程魚門正学論二後

篁邨畫竹跋

書檐曝雜記後

書嘯亭雜錄後

西雲札記跋

書夢谿筆談後

北夢瑣言跋

書夏心伯問欠一隅錄後

跋說鈴袖珍本後集尊鄉贅筆後

書曹斯棟稗販後

書瀛寰瑣記青谿居士蔣孝廉嘉棟西征述異

記後

書韓文公諱辯後

書韓文公送孟東野序後

書皇甫持正故吏部侍郎昌黎韓先生墓誌銘

後

孫可之集書後

書歐陽文忠公全集瀧岡阡表後

書王臨川文集虞部郎中贈衛尉卿李公神道碑後

書元豐類稿祕書丞知城都府雙流縣事周君墓誌銘後

跋盤洲集

書金華文萃東萊集後

書金華文萃龍川集後

卷十四　書後　跋

書歸震川集附刻論文章體例後

祁忠惠公遺集跋

書史忠正公答攝政王書後

書嚴忠節公金敬山小傳後

書黃梨洲先生葬制或問後

韓文起書後

書三魚堂文集答邵令牘後

西河合集書後一

西河合集書後二

書曝書亭集禮部尚書長洲韓公墓碑後

書魏叔子文集留侯論後

書魏叔子文集姑母徐孺人墓表後

書覩泉項傪甫昭經戒閘房議後

書望谿集書左忠毅公逸事後

跋穆堂別稿書孫倬傳後

書穆堂別稿內方靈皋論孫評歐文書後

鮚埼亭文集跋尾

陳菉綺鄭亦亭九九樂府跋

書知足齋全集後

書潛揅堂文集內閣侍讀嚴道甫傳後

書潛揅堂文集佚正後

卷十五 書後 跋

竹垞與古文跋

高伯祖眺晴公手評蘇詩補注殘本跋

春融堂雜記跋

書經韵樓集趙戴河渠書辨後

書尊聞居士集書濟陽張子立命說辨後後

書尊聞居士集侍讀彭公行狀後

文史通義雜篇實齋文畧外篇跋

書實齋文畧跋江寧石刻今存錄後

跋實齋文畧與阮学使論求遺書書

書述学補遺王基碑跋尾後

書洪稚存乞假將歸留別成親王悲言時政啟後

書鑑止水齋集杭董浦先生別傳後

書王文誥蘇海識餘卷四後

癸巳類稾陳王廟徵文癸巳存稿陳武烈帝祠跋後

書癸巳類稿持素證篇足陽明經胃府脈證三之三條後

卷十六 記

重建旌德呂氏七分支祠記

卷十七　傳

周櫝山先生別傳

亡姑陳公孺人傳附棲鳧村陳氏墓記碑陰

誥授通奉大夫禮部祠祭司員外郎翰林院庶吉士豫堂莫公家傳

高唐州知州校昉莫公家傳論傳佚

朱秋水小傳

卷十八　傳

畾盧周君小傳

刑部雲南司員外郎琴巖賈君家傳

姜梅生同年小傳 佚

夏嗵父小傳 佚

汪荔牆別傳 佚

陳九岩先生家傳

誥封奉直大夫仁和縣教諭年姻丈沈靈齋先生家傳

掌山西道監察御史督理街道李君蓴客傳

卷十九 碑

寓山青蓮寺重建四負堂碑銘

卷二十 記事

記定安莫茹戶妻

記新鄭城高都堂

記巧偷二事

記夢房師

記宜壑居士軼事

記逸樵張

記翁源李封翁

記永年冀公治司空夫人

記海康陳清端公軼事

記友人言妾婢孽俄四事

記謝應龍

記淩太守

記孫犨瀛

記相士

記馬禹平

記李鉄樵廬訪

記盛墨峰司馬

記王霽青太守

記愫慶棊

記張门獄

記黃枯木梳蕈

記一朝三喜三事

記跳小淵歡察

記易信庵都鍺

記毘陵北鄉王氏女

記華伯淵

記王鄉圭

記蔣梯觚

記丁小仙

記華子衡

平梅山先生書目